知其然知其所以然

——新时代大学生思想政治教育工作案例探析

刘波　朱利等　著

中国农业出版社

北　京

图书在版编目（CIP）数据

知其然知其所以然：新时代大学生思想政治教育工作案例探析／刘波等著. -- 北京：中国农业出版社，2024.10. -- ISBN 978-7-109-32455-8

Ⅰ. G641

中国国家版本馆 CIP 数据核字第 2024HC8917 号

知其然知其所以然

ZHIQIRAN ZHIQISUOYIRAN

中国农业出版社出版

地址：北京市朝阳区麦子店街 18 号楼

邮编：100125

责任编辑：郑　君　　文字编辑：张斗艳

版式设计：小荷博睿　　责任校对：张雯婷

印刷：北京中兴印刷有限公司

版次：2024 年 10 月第 1 版

印次：2024 年 10 月北京第 1 次印刷

发行：新华书店北京发行所

开本：700mm×1000mm　1/16

印张：15.5

字数：250 千字

定价：68.00 元

西华大学人才引进项目"新时代大学生思想政治教育工作案例探析"（项目批准号 w2320059）成果；教育部人文社会科学研究专项任务项目（高校辅导员研究）"新时代科学家精神研究及其育人启示"（项目批准号 22JDSZ3085）阶段性成果

　　中国的未来属于青年，中华民族的未来也属于青年。青年一代的理想信念、精神状态、综合素质，是一个国家发展活力的重要体现，也是一个国家核心竞争力之一。进入新时代，加强对青年一代，尤其是大学生的理想信念教育，使大学生保持良好精神状态，不断提升大学生的综合素质，成为加强和改进大学生思想政治教育工作亟待解决的重要课题，成为培育担当民族复兴大任的时代新人的实践指向。

　　众所周知，辅导员是开展大学生思想政治教育的骨干力量。《知其然知其所以然——新时代大学生思想政治教育工作案例探析》一书，是辅导员围绕学生、关照学生、服务学生，在履行大学生思想理论教育和价值引领、党团和班级建设、学风建设、学生日常事务管理、心理健康教育与咨询工作、职业规划与就业创业指导等职责过程中的经验总结。科学总结这些育人思考，将更加有针对性地解决大学生成长成才所面临的问题，在解决问题的过程中不断提升学生思想水平、政治觉悟、道德品质和文化素养，从而提高思想政治教育工作实效，进而提升育人质量，加快培养德智体美劳全面发展的社会主义合格建设者和可靠接班人，引领青年用青春和智慧助力以中国式现代化全面推进中华民族伟大复兴的新征程。

　　全书根据不同类型的现实问题与相应的解决方式划分为九个部分：一是思想教育篇，主要解决遇见传销、兼职危机以及沉迷网游等现实热点问题，做好学生价值引领和安全教育；二是班级建设篇，主要解决班委责任意识淡薄、同学对班委有意见以及班委信息回复不及时等班级建设问题，加强学生班级建设和团队管理；三是资助规划篇，主要解决学生家庭遭遇突发情况、国家助学金评定出现异议以及学生职业选择等资助规划问题，提升资助育人质量与做好学生职业生涯规划；四是宿舍生活篇，主要解决寝室矛盾、宿舍违纪、室友作息不一致等宿舍生活问题，加强对学生的生活指导；五是突发事件篇，主要解决心理危机、网络暴力以及群体事件等应急突发问题，科学应对校园危机事件；六是恋爱情感篇，主要解决恋爱受挫、陷入"三角恋"以及异地情感危机等恋爱情感问题，引导学生树立正确的恋爱观；七是心理教育篇，主要解决考试焦虑、学业压力过大以及退伍学生适应性等心理教育问题，培育学生理性平和与乐观向上的健康心态；八是人际关系篇，主要解决图书馆占座、师生矛盾以及团队不协作等人际关系问题，促进学生和谐相处与互帮互助；九是学业引导篇，主要解决学生干部身份定位、学生工作与学业冲突以及考试失利等学业引导问题，帮助学生掌握正确学习方法、更好地成长成才。本书针对每一个具体的案例，从案例概述、案例分析、案例处置、案例效果以及案例启示五个维度来呈现提出问题、分析问题与处理问题的完整分析研讨过程。这种谋篇布局，不仅对某一个现实问题有较为系统的梳理与比较完整的回答，而且可以帮助读者更加全面地把握案例的整体结构与逻辑思路。

在本书的写作过程中，我负责了全书的总体框架、研究思路、写作提纲、资料提供以及统稿工作，完成本书近九万字的撰写。西华大学朱利老师在全书框架的优化、逻辑的安排、语言的锤炼以及文字的校对等方面做了大量工作，完成本书近三万字的撰写。其他团队成员对本书完成也付出了大量的时间和心血，在这里一并感谢。当然，本书只是加强和改进大学生思想政治教育工作的一次尝试，对于书中不妥之处，恳请大家批评指正，以便今后补充与完善！

刘　波

2024 年 1 月于西华大学

目录
CONTENTS

自序

第七部分　心理教育篇

第八部分　人际关系篇

第一部分

思想教育篇

案例 1-1

莫贪便宜吃大亏　警惕诈骗新套路
——学生遭遇电信诈骗怎么办

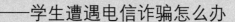

一、案例概述

　　杨同学，女，2000 年 11 月生。该生平时喜欢弹琴、听音乐，打羽毛球、跑步等。课余喜欢看三毛的书。性格比较外向，喜欢结交朋友。家中有四口人，住在贵州省遵义市。

　　杨同学在大一下学期曾经遇到过一起电信诈骗。周末外出逛街时，遇到一只手上拿着可爱的小玩具和彩灯球、一只手拿着显示着二维码的手机的陌生人员，这名陌生人员告诉该生帮忙扫一扫二维码即可获得精美礼品。该生一开始并没有答应，但迫于陌生人一直请求，说那只是证明其完成工作的形式，并不涉及其他方面的需求。所以该生同意帮其扫一扫二维码，扫码后发现是一家理财公司的问卷调查信息，问卷上涉及了平时会选择哪家银行作为存储机构、存钱的频率、账号等敏感信息。问卷还未完成，该生察觉到不对劲，立即停止了填写，并关闭了手机。实际上，扫描的二维码可能附带木马病毒，一旦完成填写或等后台读取到数据，木马就会盗取填写人的账号信息等。她意识到问题的严重性，但又不知道怎么防范类似的事情，决定向辅导员寻求帮助。

二、案例分析

　　经过交流发现，该生自小生活条件一般，也没参与过兼职或独自生活过，所处的环境一直比较单纯，缺乏一定的安全防范意识，对于他人的请求比较容易答应。

综合以上信息发现，此案例反映的是大学生容易受骗，轻易相信陌生人的话语，答应其请求。其本质就是缺乏一定的安全防范意识，辨别真假的能力还不够。在此基础上，我们再对此类案例发生的原因进行详细分析。

❶父母对孩子的溺爱因素。在家里受到父母每时每刻关爱的大学生误认为生活如家里那样简单，殊不知社会生活也有危机四伏的一面。生活需要亲身实践，学生离开了父母，显得不知所措，有些甚至连生活都难以自理，更不用说辨识诈骗分子了。

❷网络信息诈骗的安全防范知识宣传不足。对于刚从高中进入大学的农村学生来说，由于教育条件落后，在进入大学之前接受的有关网络信息诈骗的安全防范知识的教育较少，对信息技术的了解只是冰山一角。城市里的学生相对农村的学生生活圈广、视野开阔，但由于学校只注重学生的学习，不注重其他知识的普及，对学生身心发展以及安全防范意识都有一定影响。

❸学生自我保护意识不强，面对诱惑不坚定。当事情发生在自己身上时，该生起初还有点防范意识，但在不法分子的诱导下会失去理智。不法分子利用了学生喜欢轻轻松松获取利益的心理，从小利入手，让学生尝到甜头后放松警惕，不知不觉掉入他们设置的陷阱。

三、案例处置

辅导员针对该生容易轻信陌生人、对生活问题的认知单纯、对事情的辨别能力不足、对网络信息防范意识不够、自身意志力不坚定等情况进行分析，结合经验和防范意识给了她一些建议，具体是：

❶学会生活自理，培养独立解决问题的能力。不光是学习，生活、思想上也一样，要学会独立面对问题、解决问题，不要把事情想得太简单，以防后面出现的结果是难以想象和控制的。成年人要对自己的每一个决定负责任。

❷对待陌生人要时刻保持戒备之心，防人之心不可无。平时多看看新闻、各种资讯，了解骗术手段，提升辨别是非善恶、处理各种信息的能力。提高自我保护意识，注意妥善保护私人信息，不轻易扫码，避免进入一些不安全网站。

❸不贪图小便宜或无端接受恩惠。永远不要有占便宜的心态，贪小便宜吃大亏，更不要听信陌生人的花言巧语，扫码赠送小礼物等有可能是诈骗的诱饵。坚定自己的信念和想法，经受住诱惑。

四、案例效果

经过与该生的谈话，该生清楚地认识到电信诈骗的严重性，对于如何避免受到诈骗也掌握了一定的防范措施。

❶思想认识提高，责任意识增强。该生已认识到大学生独立自主的必要性，在和同龄人相处的过程中逐渐认识到成年人应当承担的责任。相较之前，该生已经是一名能够独立面对问题、提出解决方法、进行自我消化的勇于承担责任的人了，做每一个决定都会慎重考虑了。

❷对于电信诈骗的了解增加，防范心理增强。该生在学校和老师的教导下已经认识到对陌生人应持有防备心理，以及从各个宣传途径认识到诈骗手段的多样性，提高了对于隐私泄露的警惕性，降低了自己进入不良网站的风险。

❸逐渐认识到"天上不会掉馅饼"这一俗语的意义。该生保有着不占便宜、踏实前行的态度，同时也坚定自己的内心，更加懂得不要轻易相信诈骗的诱饵，否则后果严重性难以预估。

五、案例启示

❶充分发挥宣传教育的功能。通过公益广告和媒体曝光的案例，加强大学生对个人信息泄露的重视程度，提高他们对电信诈骗的认识。同时大力开展防范宣传，提高手机用户的警惕性。通过实例讲解、海报宣传、视频宣传等途径增强大学生的防诈骗意识，降低学生上当受骗的概率。

❷重视对大学生的安全教育。重视学生的心理健康教育，引导学生树立正确的价值观，提高学生的心理承受能力。在专业学习之余，鼓励学生多接触社会，增加社会经验，增强社会适应能力，同时积极主动接受安全教育，提高安全意识。

案例1-2

兼职究竟是挣钱还是诈骗
——学生遭遇兼职危机怎么办

一、案例概述

　　杨同学，女，2001年7月生。该生平时活泼好动，性格外向，能说会道，语言模仿能力强，喜欢听音乐、唱歌，多才多艺。该生勤俭节约，课余时间还会外出兼职，积累社会经验。

　　该生从大一开始会在周末或节假日外出兼职，经历过各种各样的兼职工作。面临的问题是对社会上的兼职工作的辨别能力仍需提高和不懂如何平衡兼职与学习之间的关系。该生有时会因网上兼职信息干扰和不了解行情而找到无用或者有害的兼职，进而浪费很多时间。该生曾经历过暑期兼职和实习接收单位不愿签署劳务合同、要求拉客进店消费推销不良产品、到了工作地点要求开办银行卡、下载各种APP进行身份认证，等。但幸好该生具备一定的安全意识，未从事此类工作。可见社会兼职招聘中具有很多迷惑性信息，该生也有被迷惑的经历，且对兼职的相关事项了解甚少，因此也浪费了大量时间和资源，增加了隐私信息泄露、征信受影响甚至信息被盗用的风险。同时，该生有时会为了赚取兼职报酬颠倒主次，因选择兼职而伤害身体健康，也影响了学业进度和学习效率，对于学习的重视程度降低。对于这些问题，她也逐渐认识到自己需要进行调整，但却找不到正确的、合适的方法，所以她决定寻求辅导员的帮助。

二、案例分析

经过交流发现，该生希望在大学丰富自己的社会工作经验和见识，并在一定程度上补贴生活费。因此，该生搜集了很多大学生兼职招聘的信息，也有过差点被骗、信息被盗刷的经历，但在值得信任的同学的帮助下慢慢找到了适合自己的兼职工作。

综合以上信息发现，该生进入大学后一直有兼职的需求，该生的经历也从本质上反映了目前大学生对于社会上的兼职工作辨别能力仍较弱，不懂如何平衡兼职与学习之间的关系。对案例进行详细分析可知：

❶学生对于兼职的认识问题。该生自愿去兼职也说明了该生对于金钱有一定的需求，但不能为了兼职的少量报酬而不小心出卖个人信息，增加个人信息泄露的风险。如何辩证看待兼职的利弊、认识到潜在风险是首先要解决的问题。

❷处理学习与兼职关系的问题。该生面临的主要问题是有时会为了兼职报酬而放弃学习的机会，浪费宝贵的学习时间。对如何更好地平衡二者关系，如何在投入正常精力下取得更好效果存在困惑。

❸提高筛选兼职信息和正确选择兼职的能力。由于缺乏经验，该生对于网上五花八门的兼职招聘信息也会存在很多疑惑，一旦中套无疑会增加个人信息安全被侵犯的风险。对于兼职所需的信息规范性识别度较低，如出现招聘信息完善，但实际工作性质、工作地点、薪资支付方式偏差很大等情况。因此，如何筛选兼职信息，提高鉴别能力，在寻找靠谱兼职的道路上少走弯路是亟待解决的第三个痛点。

三、案例处置

针对该生在大学期间所遇的不良兼职信息较多和无法正确、高效地处理好兼职工作与学习的实际问题，辅导员仔细了解了相关情况，结合自身工作经验给予了她一些建议。具体是：

❶学习相关工作应聘的知识。该生为人力资源管理专业的学生，可以

多与从事人力资源工作的人员交流沟通，系统深入学习专业知识，了解兼职中劳动者的各项基本权利。这不仅可以规避兼职风险，还可以将所学专业知识应用到实际生活中，有助于巩固和理解知识，一石二鸟。例如：劳动法的有关条目、兼职人员签订劳动合同的注意事项、公司应为兼职人员购买的保险等。在遇到有关保障不力的情况下有充足的知识储备辨别和甄选，助力有效兼职的选取。

❷多关注官方媒体，了解常见的兼职诈骗套路和应对措施。可以多关注揭秘兼职诈骗骗局的官媒，查阅有关兼职诈骗的信息，提高警惕性。同时，还要了解在现实生活中遇到诈骗兼职且有可能损害到自己或他人利益时的处理措施，应保持冷静，理智应对，坚决不参与其中。

❸学业为主，兼职更多地以锻炼技能为目的，不宜占用太多时间。大学生接触到的兼职信息良莠不齐，大学生又是很容易受骗的群体，能找到的有意义的靠谱兼职较少。因此，要分清主次，处理好兼职和学习的时间分配比例，兼职可选择在周末、节假日和学习任务较少的时间段进行，当兼职和学习冲突时，应该以学业为主，实现更高的自我提升。

四、案例效果

经过一段时间的深入交流后，该生也明白了自身所处困境。同时辅导员在谈话过程中也为该生解决问题、走出困境提出了一些建议，目前该生的状态已有所好转。

❶应聘知识储备提升。该生通过专业课程知识的学习、咨询有关招聘的专业人员，大大提升了应聘能力，能够迅速提取职位信息中的保障条件，过滤不良信息。

❷主动关注兼职诈骗的有关信息，辨别骗局的能力有了较大提升。掌握兼职工作的条件与有关知识后，该生还关注了官方主流媒体的兼职知识普及，对面向大学生的新兴的兼职诈骗类型进行深入了解，能迅速识别兼职诈骗，拒绝"刷单""实名认证""绑卡"，保护自己的利益。

❸平衡了学习和兼职工作，并以学业为重。该生进入了大三，只利用节假日等空闲时间兼职，自主增加学习时间，学习效率和学业成绩也有了一

定提高。该生也因此更能体会学习所带来的身心愉悦。

五、案例启示

❶大学生兼职是普遍现象，应该具备正确甄别正确兼职的能力。社会兼职能够在很大程度上锻炼大学生们的服务能力和工作意识，丰富工作阅历，但这都建立在找到的是正确、有利的兼职的基础上。大学生们应通过各种渠道学习兼职工作的相应规范，了解正当兼职所需的各种条件自己是否符合，不应为了金钱而舍弃合法权益。

❷防范兼职诈骗，保护自身权益。遇到绑定身份证实名认证、APP点赞评论、刷单等侵犯个人隐私的兼职应果断拒绝，避免个人隐私泄露、银行卡盗刷等风险。自觉学习官方媒体发布的防骗知识，提高警觉意识，拥有理性解决突发情况的能力。

❸应以学习为主，兼职只作为对学业的补充。大学是大学生们徜徉知识海洋的平台，潜心打磨专业技能的好时机，学生更应努力学好专业知识，不耽误学习进度不能舍本逐末。兼职工作作为实践活动，可以拓展大学生的视野，使他们对于社会有更深入的了解，更有利于提高时间管理能力、学习进步、增强就业竞争力。

保持清晰头脑　小便宜不能贪

——学生遇见传销组织怎么办

一、案例概述

　　申同学，女，2000年12月生，四川绵阳人。该同学平时喜欢与三五好友打乒乓球，且多次参加校内外志愿活动，课余时间喜欢追剧，性格较为开朗，不拘小节，尊敬师长，且与班级同学相处融洽。

　　该生在大二学年第一学期课余时间较多，所以有找兼职的打算，因为疫情防控的需要不能出校找兼职，就在网上查看兼职介绍，想找一个稳妥的网上兼职。某一天，该生被一个"薅羊毛"的消息吸引住了，随后通过主动询问博主加了QQ群，进入QQ群后，群主就告知有一个抖音刷单兼职，一天任务结束可以有翻倍的收益，但是要交定金。在看到群里有人晒出相关图片以及返现后，该同学脑子一热交了上百元定金，后面也有专门的训练客服教她如何做任务。但是这期间所谓的"客服"一直告诉她，投的钱越多获利越大，不停地给该同学洗脑，甚至还诱导该同学打开各种"借贷"软件。"事出反常必有妖"，该同学意识到自己可能遇见传销组织，被"骗"了，于是她决定寻求辅导员的帮助。

二、案例分析

　　经过交流发现，该同学在上完学期前八周的课程后课余时间较多，为了使自己在闲暇时间有事可做，锻炼自己，在此基础上实现经济独立，减轻父母的负担，于是便萌生了去兼职的想法。该同学表示自己是个急性子，会轻易相信"天上会掉馅饼"。

综合以上信息发现，此案例反映的是大学生被传销组织的惯用伎俩迷惑，其本质就是大学生遇见传销、诈骗等如何自保脱身的问题。在此认识基础上，再对案例进行详细分析。

❶ 学生对传销认识问题。该生起初轻易相信群内所谓的"工作人员"，并缴纳了本金，说明该生对传销等方面的认识尚浅，缺乏判断力，中了圈套。所以如何提高学生对传销的认识成了一个难点。

❷ 时间管理问题。究其根源，该同学自认为课余时间多，所以萌生了兼职的想法。如果每天都有事可做，有明确的学习目标、计划，让自己闲不下来，是不是就会抑制去兼职的想法？如何促使学生在空闲时间去做正确的事，成为第二个需要解决的问题。

❸ 辨别兼职真假的问题。在找兼职的过程中，该同学轻易相信网络消息以及群消息，在网络上看到有人晒单，就被迷惑住，不辨其真假。所以如何在现实生活中辨别真假兼职，是第三个需解决的问题。

三、案例处置

针对该生出现无法妥善安排时间、对传销认识不清、对兼职无法辨别真假等问题，了解具体情况之后，辅导员结合自身的工作经验给予了她一些建议。具体是：

❶ 清晰认识传销组织，加强相关安全知识学习。该同学因为平时缺少这方面安全知识的教育，认为存在天上"掉馅饼"的好事，建议该同学多加强安全教育方面的知识，去了解传销组织一般套路，从而避免再次被骗。

❷ 做好规划，合理安排空余时间。由于该同学在完成相关课程学习后，课余时间多，所以有了兼职的想法，建议该同学平时要做好规划，无论是学习还是娱乐，都要合理安排，提高学习和课余生活的质量，从而增长知识，培养能力。该生自己也要思考未来发展方向，最重要的是要加强专业知识方面的学习，不能因小失大。

❸ 保持清醒头脑，学会辨别真假兼职。因为该同学急于寻找兼职，且

没有相关经验，一时头脑发热就轻易相信兼职招聘人员的欺骗话术，所以需要该同学谨慎对待兼职。在寻找兼职过程中，要认真辨别兼职信息，有针对性地去查询和提问。"低投资，高回报"的兼职一般都有问题，所以对于一些常见的有问题的兼职和相关套路也要有所了解，不然在贪小便宜心理的驱使下可能会陷进去。没有相关寻找兼职工作的经验，可以询问有经验的同学，向他们取经；同时也要寻找安全有保障的兼职途径，不可轻信任何不正规途径的兼职。

四、案例效果

经过与该同学的交流谈话，该同学明白了自己在找兼职过程中是受一些不理智因素驱使的，听取了辅导员为其以后避免类似情况发生提出的一些建议，该同学的时间管理能力以及防范意识都有所增强。

❶合理规划，充分利用空闲时间。经过此次事件，该同学树立起奋斗目标，并每天制定计划、合理安排时间，让自己在空闲的时候有事可做，学习和工作效率也因此提高，有了不小的收获。

❷主动学习防诈知识，进行科普宣传。因为积极主动地学习防诈、防传销等知识，该同学现在能够在一定程度上识破传销骗局，也不再相信"天上会掉馅饼"这种好事。除此之外，该同学意识到其他同学也可能有被骗的情况，所以就结合此次经历积极主动地向同学进行了防诈等方面的宣传，让其他同学也了解其中的危害，并告诉同学们有效识别骗局的方法，不被表象迷惑，在任何时候都要保持清醒头脑。

❸适当吐露心事，缓解情绪，压力减小。因为该同学之前投入了几百块钱，成本没捞回，不敢给家里人说，导致该同学心理压力大、情绪低落。在与辅导员老师交流以及自己积极进行宣传后，该同学情绪得到缓解，心理压力也减小了，同时该同学表示能够以自己的经历警示他人也算是一次成长。

五、案例启示

❶合理规划课余时间。上大学后，课程不再像高中那样紧凑，课余时

间多，引导学生以此为契机广泛涉猎。参加感兴趣的社团，让自己的特长得到充分的发挥；参加课外活动，增长见识，拓宽眼界，向优秀的人看齐；多与外界交流，拓宽社交圈，让自己的社交圈不再局限于寝室，但同时也要注意朋友的选择，要结交一群志同道合的朋友。

❷从教育宣传入手，关注学生成长。学生因无法正确辨别而陷入骗局成为现在社会较为普遍的问题，解决这个问题首先要从学生的安全教育入手，给同学们广泛科普相关知识，让他们提高警惕，能较快识别骗局，避免类似情况再次发生；同时也要结合具体情况具体分析，提供切实可行的方法去解决学生面临的难题。

案例1-4

网络聊天需谨慎　小心骗你没商量
——学生网络裸聊被诈骗怎么办

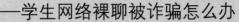

一、案例概述

　　小刘，男，2000年6月生，平时喜欢在寝室玩游戏，喜静不喜动，性格内向。

　　小刘最近上课老是心神不宁，平时手心冒汗。室友问其原因他也不肯说，最后还是辅导员通过询问才得知原因。小刘因为疫情期间校园封闭管理而觉得生活缺乏刺激，于是通过软件认识一位名叫"娜娜"的网友。小刘平时生活学习都和"娜娜"分享，"娜娜"对小刘也表现出了强烈的兴趣，两个人一来二去聊得很投缘，小刘也感到心里非常满足。一天晚上"娜娜"让小刘下载一个直播软件为其增加人气，小刘下载安装并输入验证码后才发现这个软件什么都没有，觉得有点奇怪，但是为时已晚。紧接着"娜娜"给小刘发了一串小刘手机的通讯录和一段伪造合成的视频，视频中正是小刘的头部加陌生男子的私密处和一女子裸聊。"娜娜"给小刘打电话威胁转账才销毁视频，不然就发给小刘手机通讯录的好友，并且辱骂小刘。这时小刘才得知平时和他聊天的活泼的女孩子是一个粗汉子。小刘遭受失去"好朋友"和威胁双重打击，但是不知道该给谁讲，也不知道怎么办。所以他决定寻求辅导员的帮助。

二、案例分析

　　经过交流发现，该生成绩平平，家境也不富裕，自己也不自信，平时的爱好就是在网上玩游戏，实际生活中不知道怎么和其他人交流，所以朋友较少，甚至和陌生人讲话还会结巴。该生由于社交恐惧症，很希望交到真心朋友。

综合以上的信息发现，此案例反映的是内向学生在虚拟世界网恋、网聊被骗，其本质是如何帮助内向学生正常交友，认清现实与虚拟区别。在这个基础上，对案例进行详细分析。

❶ 防止网络诈骗的宣传问题。小刘被网络朋友"娜娜"诈骗，并且长时间未怀疑"娜娜"的身份，根本原因是脑子里面防范网络诈骗这根弦没有绷紧，缺乏社会经验，警惕意识不足；学校及学院的反诈宣讲工作并未入心入脑，这也使得小刘放松警惕。

❷ 学生自身问题。小刘由于家庭不富裕，成绩一般，所以不自信，平时不积极参与集体活动，进而导致没有几个朋友可以交流沟通。

❸ 学院和班级以及学生沟通桥梁出现问题。小刘遇到困难反映问题后，班委、学生会干部不能及时主动凑上去询问关心、积极做好思想工作，也没有及时向辅导员汇报。

三、案例处置

针对该生出现在网络上被诈骗、精神空虚以及校园社交困难的情况，辅导员结合反诈骗知识和自身的经验给予了他一些建议。具体如下：

❶ 加强反诈骗知识学习，提高反诈意识。积极参加学校学院的网络反诈骗知识课堂以及活动，提高自身对网络诈骗陷阱的敏感度，不要轻易相信网络上的甜言蜜语。下载国家反诈中心 APP，遇到网络诈骗不心慌，首先向辅导员报备，及时拨打报警电话，通过警方处理此类情况。

❷ 打开心扉，多交益友。在校与同学们多交流、多沟通、多学习，发现自己的优点，努力学习，增强自信，积极参加学校、学院、班级的活动，通过活动认识更多的好朋友，也可以增加自身阅历，解决社交困难。

❸ 学院和班级干部加强与学生的联系。学院学生会干部和班干部多关心同学，特别是班级边缘学生，主动"凑上去""沉下来""理清楚"，做到特别学生特别关注，切忌"一个道理全部通用""假大空""不耐烦"，积极

做好问题学生的思想工作，帮助他们树立正确的世界观、人生观、价值观，及时引导学生不走偏路。

四、案例效果

经过与小刘的谈心谈话，小刘明白了自己所处的困境，实践了辅导员在谈话中为其解决问题和走出困境提出的建议，情况有所好转且知道自己以后在校园怎么和同学相处。

❶ 该起"网络裸聊"诈骗事件成功解决，并且引起学校各方重视。辅导员在了解小刘网聊前因后果后，结合学校宣传的反诈骗知识及案例，果断带着小刘报警并且向警方提供诈骗犯的网络聊天方式，成功解决此次网络诈骗危机。

❷ 小刘逐渐敞开心扉，与周围同学加强联系。因为找到了小刘在网络上交友的原因，辅导员讲述自身经历以及分享多年学生工作经验，为其提供了摆脱社恐的方法。小刘目前逐渐对周围的同学们敞开心扉，一改往日愁眉苦脸，对于学习也更加上心。

❸ 学生干部履职能力加强，与同学联系更加紧密。之前由于和同学联系不够紧密导致不能及时将小刘情况向辅导员反映。经过学院领导和辅导员的教导，学生干部不再像之前一样被动接受任务、只为领导老师服务，现在能够积极主动关心同学，及时反映同学们的问题和需求，更好地为同学服务。

五、案例启示

❶ 开展防范网络诈骗宣传教育。学校加强反诈宣传，提高学生反诈意识，做到人人皆听，入心入脑方能正确预防网络诈骗。引导学生遭遇网络诈骗时不要害怕，不要紧张，不要选择一个人承受，学会正确处置，遇到困难及时反映、及时报警。辅导员事后及时反思总结，深究事件发生的内在原因，从根本上预防，做到"一个学生一味药"。

❷ 学生在学习生活中重视人际关系的处理，对待同学亲近友善，正确

看待同学情谊，加强学习与锻炼，积极参与学校、班级各种活动，通过参加各类活动提高自己的交往能力，努力克服社交恐惧症。在平时多与老师沟通，遇到问题及时向老师反映。

❸学院和班级干部多加强与同学的联系，关注身边同学的身心健康，多与同学交流，了解同学们关心什么，特别是特殊时期，更要提高警惕不能松懈，对班级内事务多上心，做好同学们与领导、老师的沟通桥梁。遇到小刘这类社恐的同学，要多引导其敞开心扉，带领其参加活动，建立友好的人际交往关系。

及时止损　另辟蹊径

——学生对所学专业不满意怎么办

一、案例概述

小张，一名大二的计算机科学类专业的本科生。该生平时乐观开朗，家里对他一直以来都能够独立完成自己的学业感到很骄傲。

据了解，小张因为高考失利，而家里又觉得能考上大学已经不错了，叫他上个二本算了，他也就胡乱报了这个大学以及这个专业。刚开始他很积极很认真地学习本专业，但后来他发现自己对这个专业没有一点兴趣，每天抱着电脑不是看电影就是胡乱点击，根本不愿意学编程之类的知识，专业知识也一点都不懂。就这样过去了一年多。以前他是一个非常外向乐观的男孩，进入大学一年后，他变得很懒，总喜欢坐在电脑前随便玩玩，也不愿意学习，这些天他一直都在思考他的未来方向，发现自己浪费的时间太多了，如果这样下去，毕业就等于失业。他很想挽回现在这个局面，但他真的不知道该怎么办。他开始想退学，想自己出去闯，他和很多人这样说，但别人认为是他身在福中不知福。他自己也想过出去该做什么，能否成功。但又想想父母培养自己考上大学不容易，就这么退学他们肯定很失望！这些天，这些问题一直困扰着他，他现在不知道自己该怎么办，所以他决定寻求辅导员的帮助。

二、案例分析

经过交流发现，该生父母都没有考上大学，因此，对孩子的期望也只是简简单单考上大学就行。殊不知，时代在变化，如今的大学生早已和当年不同。原本成绩优秀的小张听了父母的话将就地选择上了一个二本学校，也没有想过自己到底对什么专业感兴趣。

众所周知，大学生不满意所学专业，已经是较为普遍的现象了。结合案例，得出造成这种现象的原因如下：

❶报志愿时的想象与上大学后的现实不符。该同学刚开始很积极很认真地学习这个专业，但后来他发现自己似乎对这个专业没有一点兴趣，本专业与他所想象的完全不一样，他便开始放弃自己，对学习变得不上心，考试也只是蒙混过关。

❷报志愿遵循父母的想法，没考虑到自己的兴趣。该同学选择这所学校是因为高考失利，父母的认识里觉得考上大学就不错了，该同学并没有结合自身选择。同时，他在考虑自己是否要出去闯荡的时候也想到父母培养自己上大学不容易，并没有考虑过自己适不适合走那条路，如果不合适，自己又应该怎么去寻找适合自己的道路。

❸上大学后逐渐懈怠，对自己的未来没有规划。该同学进入大学一年后变得很懒，也不愿意学习，偶然有一天思考未来时才发现自己浪费的时间太多了，没有对自己的学业进行合理的规划。如果他早做打算，意识到目前的专业不适合自己，就可以转专业，或者选择跨专业考研，但他选择了放纵自己，把时间浪费了，而浪费的这一部分时间，往往需要今后花费更大的代价去弥补。

三、案例处置

针对该生基础较好，但是因为不喜欢所选专业而放纵自己虚度光阴、因焦虑而胡思乱想的情况，辅导员结合自身工作经验给予了他一些建议，具体是：

❶做选择之前，要多搜集信息深入分析。高考报志愿时虽然听从父母的建议随意填报了学校和专业，损失一次选择的机会。但是在面对继续学业或者退学的岔路时，切不可轻易抉择。人生是不断选择的过程，要学会充分考虑各种外界因素，不断向内探索，了解自己的兴趣爱好、特长，独立思

考，做出适合自己的选择和规划。选择后不忘初心坚持不懈，人生便会少些遗憾。

❷多读书，不断开阔眼界。受到成长环境的影响，学生的思维比较局限。只有多读有字之书和无字之书，才能提高自己的认知，认识到人生有无限可能，"三百六十行，行行出状元"，错选专业也并不可怕，可以"将错就错"也可以另辟蹊径。面对不喜欢的专业其实可以有很多改变的方法，除了退学打工，还可以换专业、跨专业考研。

❸比起做选择，更重要的是行动。人生之败，非傲即惰。天道酬勤，只要保持学习提升，定能有所收获、厚积薄发。如果能顺利在大学期间明确自己今后的发展方向，就可以在毕业前进行相应的知识储备，找工作时往目标方向靠拢。如果没能在大学期间找到方向，就业后，还可以利用一至两年左右的时间在工作中找感觉，从亲身经历中判断自己更喜欢做什么，从而确定后续的发展规划。人生没有完美的选择，也没有白走的路，重要的是行动起来，珍惜时间不断提升积淀，在做的过程中会逐渐清晰。

四、案例效果

经过一段与该生的谈心谈话，该生也明白了自己所处困境，同时在谈话过程中为该生解决问题和困境提出一些建议，目前该生的状态已有所好转。

❶规律作息，生活充实。该同学在与老师交流后，决定作出改变。从那以后，他每天按时起床，准点睡觉，保持着充实的快节奏生活。不仅如此，他还利用课余时间给自己找了份实习工作，准备从实践中探索以确定后续的发展规划。

❷开阔视野，发现兴趣。在实习过程中，该生结识了不同领域的伙伴，也广泛了解各行各业发展情况，最终他选择跨考金融学研究生。其实一开始他并不是特别了解这个专业，但在不断了解和学习过程中，他对金融学专业越来越感兴趣，也打破了很多自己在接触它之前的印象，发现它是一个很贴合当今社会发展状况，而且具有非常强的实践意义的学科。

❸坚定目标，成功"上岸"。其实跨专业考研就是一场信息战，要调动自己所有的资源和能力。首先要剖析自己是什么水平，这个过程可能会丧失

自信，但总比之后翻跟头要好；接着把目标学校和学院的网站翻一遍，了解前几年的招生流程和录取情况，这样才能预测当年考研情况，靠技术分析而不是靠运气规避"大小年"；最后熟知考试范围，有的放矢地去复习。该生已经成功进入某 985 院校攻读金融学硕士学位。

五、案例启示

❶明确自己努力的方向，扎扎实实地打好基础。在实践中寻找方向，好处是感受直观，所见即所得。因此要多实践，多尝试各种感兴趣的新鲜事物。调动自己所有的资源和能力，广泛了解各行各业发展情况，从而明确喜欢的方向。切忌志大而才疏，眼高而手低，看不上眼前普通的事，对自己没有清晰认知，动辄把失败归咎于环境。

❷有规划、自律、行动。大学生不能因为不喜欢本专业就一蹶不振以致一塌糊涂，而应积极作出改变。想要改变就必须有行动，而行动就要面临风险，就需要克服懒惰、克制欲望，就有可能付出代价，这是多数没做到的人所不愿面对的。俗话说，罗马不是一天建成的。真正了不起的成就都是循序渐进、长期坚持、排除万难后取得的。

案例1-6

清晰大学目标　明确人生规划
——学生沉迷于英雄联盟网游怎么办

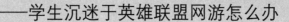

一、案例概述

　　李同学，男，该学生家住农村，家庭条件比较困难，入学后被评定为贫困生。且该生高考成绩不错，第一学年综合考评成绩排在班级中游。

　　大二第一学期开始，该生因玩网络游戏多次出现旷课现象。他玩网络游戏《英雄联盟》到了痴迷的程度，每天都要外出上网。曾经三个月时间里，李同学平均每天上网超过8个小时，沉迷上网让他无心学习，因此成绩急剧下滑。大二第二学期开学后，他对网络世界更加痴迷。尽管每天晚上睡觉前他都会责怪自己不应该这样虚度时光，并要求自己第二天不再上网，但第二天总是事与愿违。此外，小李的家庭条件并不好，并没有购买个人电脑。他经常性地去网吧上网、购买游戏角色的装备等都需要钱，他几乎把父母给的生活费都投在了游戏里面，一日三餐只好用贫困生的补助。该生几乎把所有的空余时间都拿来打游戏，并拒绝参加学校的各种活动。逐渐，他发现自己思维跟不上同学的节奏，遇到事情会首先用游戏中的规则来考虑，开始感到不适应现实生活，陷入了深深的焦虑之中，但他不知道该如何处理。所以他决定寻求辅导员的帮助。

二、案例分析

　　经过交流发现，该生沉迷网络游戏，导致学业荒废以及与现实生活脱轨，甚至引发心理问题，陷入自责和焦虑之中。

综合以上信息发现，此案例反映的是沉迷网络游戏问题，其本质是如何正确对待网络游戏。在这个认识的基础上，再对案例进行详细分析。

❶接受思想政治教育不足的问题。该生作为一名大学生，学习是他的主要任务，但是他沉迷游戏严重影响到了学业。该生将游戏放在学业之上，没能正确对待网络游戏，也没有认识到自己作为学生的身份和职责，未树立正确的人生观、价值观。

❷缺乏自控力的问题。该生痴迷于网络游戏，长时间、习惯性地沉浸于网络游戏中，严重缺乏自控力。即使他自己知道不应该这样虚度时光，但还是无法控制自己，导致恶性循环。

❸消费观出现问题。该生的家庭条件并不好，但他仍将生活费全部投入游戏，没有做到适度消费和理性消费。此外，该生获得了贫困生补助，但他并没有合理使用补助，不能正确对待虚拟世界和现实世界。

❹因打游戏引发心理问题。该生因沉迷网络游戏导致与现实生活脱轨，不顾学习，也不参加学校活动，拒绝社交，最终发现自己思维落后，无法适应现实，陷入焦虑。

三、案例处置

针对该生出现沉迷于网络游戏并导致心理焦虑的情况，了解具体情况之后，辅导员结合自身的工作经验给予了他一些建议。具体是：

❶解决核心问题，强化思想政治教育。加强对该生的思想政治教育工作，帮助该生树立健康的网络游戏观，明确自身的身份和职责，意识到网络游戏的利与弊，分清虚拟与现实。

❷加强监管措施，借助外力控制。由于该生严重缺乏自控力，需通过外力帮助他戒掉游戏。加强对该生课堂纪律、考勤的检查，督促该生按时归宿、按时就寝。

❸加强与学生家长之间的联系，充分发挥家庭教育的作用。该生消费观已出现问题，在对该生进行思想教育的同时，也应及时与该生家长取得联系，与家长共同做好对学生的管理教育，使其合理使用生活费，以免发展到

后来发生更加严重甚至无法挽回的结果。

❹对该生予以热情的帮助和积极的心理辅导或治疗。对待该生应该诚恳、耐心、热情地予以关心帮助，采取科学的方法措施。学校老师、同学和家长对该生要共同提醒，从多方面帮助和关心，使该生确立正确的价值取向。若该生问题难以解决或愈加严重，也应结合实际情况建议家长陪同该生到医院接受专门治疗。

四、案例效果

经过一段时间与该生的谈心谈话，该生明白了自己所处困境并希望做出改变，同时采纳了辅导员在谈话过程中为该生解决问题和走出困境提出的建议，目前该生状态已有所好转。

❶正确使用网络，重回学习正轨。在外力的帮助和自己的努力下，该生每天坚持按时起床按时就寝，不迟到不旷课，以学习为主要任务，上课认真听讲，课后及时复习，不再外出上网，基本戒掉网瘾。

❷积极参加活动，丰富课余生活。该生之前被游戏占据了大部分时间，很少参加活动，很少与人沟通交流。现在戒掉游戏，有充足的时间参加多种多样的活动，结交到了很多新朋友，该生逐渐回归现实生活，减少了焦虑。

❸践行理性消费，提高生活质量。该生不再为游戏投入大量金钱，将生活费和贫困补助用在正确的地方，树立了正确的消费观，勤俭节约，生活质量也得到了保障。

五、案例启示

❶注重课余生活安排和管理，加强与学生的交流。某些沉迷于网络游戏的学生，多是在现实生活中感到空虚寂寞的，还有的是遇到挫折或难题时选择逃避的学生。要预防学生沉迷网络游戏，就必须结合学生的实际情况，开展学生欢迎的业余文化活动，强化学生之间的交流，达到丰富学生内心世界的目的。

❷尊重学生个性，进行针对性教育。正确识别游戏爱好者对游戏的迷

恋程度，把握游戏爱好者和成瘾者的不同心态，通过多种途径开展有针对性的教育。创造更多的条件和机会，促使沉迷网络游戏的学生参与各项校园活动，从而展示自己的才华，从中获得成就感。

❸积极适应育人环境，提升网络育人的实效性。化被动为主动，掌握和适应网络载体运作的特点，利用网络平台更好地把握学生动态，开展有针对性的教育活动。此外，可以开设网络道德课程或者讲座，不断提高大学生分析、鉴别和利用网络信息的能力，引导学生正确对待网络和游戏，使其意识到网瘾对学习、生活的严重危害，避免被游戏中的不良内容熏染。

活在当下 学一行 爱一行
——学生对所选专业不满意怎么办

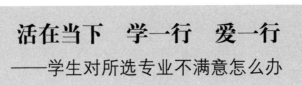

一、案例概述

　　小李，女，2002年2月生。该学生平时喜欢阅读书籍，尤其是推理类小说。该生平时喜静不喜动，性格比较内向，做事沉稳，为人随和。

　　该生在高考之后选择专业的时候，选择了工商管理这个专业，在进入大一的时候发现自己不喜欢本专业知识，不能对这个专业产生兴趣，在课堂学习中效率低，不能全身心投入课程学习，课前不愿意预习，上课听不懂老师的讲解，课后不愿意复习，长此以往，状况越来越差，不能高效完成老师下达的学习任务，在期末考试中取得的成绩一般。进入大二之后，课业的加重，使得这个问题越来越明显，该生逐渐产生了一些厌学情绪和抗拒心理。她看着周围的朋友和同学对所学内容驾轻就熟，能自主高效地完成学习任务，并取得优异的成绩，再看现在就业形势严峻，竞争越来越激烈，许多岗位对人才的要求也越来越高，该生又对自己所学专业缺乏兴趣，所以面对就业感到迷茫，不知道以后该从事哪方面的工作，不知道未来的安排。她意识到了事情的严重性，但是不知道如何调整自己的状态，所以她决定寻求辅导员的帮助。

二、案例分析

　　经过交流发现，该生自小成绩不好，通过努力进入大学学习，父亲和母亲对其要求严格，希望该生可以保持成绩优异，考取各种各样的证书，为日后的发展打下扎实基础。但是该生进入大学以后，无所事事，一事无成，知识和技能都掌握得不好。

综合以上信息发现，此案例反映的是学生选专业的普遍性问题，其本质就是如何转变学生对该专业的态度。在这个基础上，我们再对案例进行详细分析。

❶学生不喜欢该专业。该生在大学选择了自己不喜欢的专业，不能调动自身的学习积极性，上课跟不上进度，没有找到适合自己的学习方法，学习效率低，长此以往，状态越来越差，这是需要解决的第一个问题。

❷课程难度变大的问题。该生大二的课程增加且难度变大，任务量增加，负担变重，不能协调好课程，上课跟不上进度，不能完成老师布置的作业，久而久之，就更不愿意思考，知识上出现了许多漏洞，就更跟不上老师的进度。这是需要解决的第二个问题。

❸学生对未来感到迷茫。该生知识上存在很多漏洞，没有足够的专业知识和技能，不知道自己想做什么、能做什么，对未来感到迷茫，甚至是害怕。这是需要解决的第三个问题。

三、案例处置

针对该生不喜欢自己专业的情况，了解具体情况之后，辅导员结合自身的工作经验给予了她一些建议，具体是：

❶保持良好的心态。做到活在当下，先把眼前的事情做好，把本专业学好，保持一种良好的心态，积极向上，找到适合自己的学习方法。当自己有能力把本专业学好、做到名列前茅的时候，八九成已经不太讨厌当前的专业了。因为那个时候，自己已经修炼了一种能力——把自己不喜欢的事情做好的能力。这种能力的成功修炼所带来的巨大成就感、价值感，会重新影响和塑造一个人，提升自信、眼界，颠覆对自己能力的认知。尽自己最大的努力把不喜欢的事情做好，最大的收获就是非常优秀的情绪管理能力，聚焦当下，任务驱动，完成指标，而不让情绪左右任务的进程。这种能力，不仅在学校里，将来在职场上，都是一种稀有且异常优秀的能力。

❷课前预习，找到适合自己的学习方法。针对自己弄不懂的科目可以多花时间，课上找老师辅导，课后自己查找学习资料，找到适合自己的学习方法，解决一个个课程上的难点。把被动学习变为主动学习，一方面要对知识深加工，找到各种课程之间的联系，建立知识网，梳理清楚知识脉络，另一方面要主动拓宽视野，主动了解更多知识。

❸了解自己未来发展方向。毕业之后，大多是考研或者就业，如果考研，该生可以选择跨专业考研，选择自己喜欢的方向，确定目标，为之努力；如果就业，可以了解有哪些行业、岗位，自己适合或者感兴趣的工作，了解应聘该岗位需要的技能，有针对性地训练自己，提高岗位适配度，给自己定一个切实可行目标，有计划地去实现理想。多去广泛尝试，先横向发展，找准适合自己的再纵向深入，放慢脚步，才能获得加速度。

四、案例效果

经过一段时间与该生的谈心谈话，该生也明白了自己所处困境，同时听取了辅导员在谈话过程中为其解决问题和困境提出的一些建议，该生的状态已有所好转。

❶提高自己的成就感和自信心。该生把不喜欢的事情做好了，这给其带来了巨大的成就感和价值感，提高了自信、眼界，颠覆了对自己能力的认知。该生还学会了情绪管理，聚焦当下，完成任务，而不被情绪左右，不以"喜不喜欢"作为评判标准，在任何情况下都保持着良好的心态。

❷学习积极性提高，学习目标明确。该生转变学习态度，课前预习，课后复习，在课堂上能够积极主动回答老师的问题，找到专业学习内容的重点，减少了学习压力，提高了自己的成绩。主动了解所学专业知识，提高自己的技能，同时，学习本专业以外多方面的知识和技能，为日后考研打好基础。

❸调整心态，确定自己未来的发展方向。经过一段时间的调节后，该生慢慢转变对该专业的态度，从消极对待到积极自信，心理压力也慢慢减小，不再像之前一般愁眉苦脸，能够积极参与同学讨论，完成学业。除此之外，通过各种渠道的信息，确定了未来的发展方向，制定了学习目标，通过

长期目标和短期目标相结合的方式制订学习计划，以内生动力促进自我提升，掌握各种技能，为日后发展打下良好基础。

五、案例启示

❶关注学生的心理状况，关注学生成长。解决此问题应首先调节好学生的情绪，转变思维，要引导学生用一个良好的心态去处理问题。其实困住学生的往往是学生本人，把不喜欢的事情做好，做到名列前茅，这个时候就会产生一种成就感、价值感，慢慢地就会转变对该专业的态度，掌握非常优秀的情绪管理能力。生活中不可能每一件事都是自己喜欢的，而且很多事不是因为喜欢才做得好，而是因为做好了才喜欢。

❷掌握适合自己的学习方法。不能跟上课程，主要原因就是没有掌握良好的学习方法，所以在学习上感到吃力、费劲。其实对于学习来说，方法比努力更重要，选对了路径才能到达终点，否则再努力，也不过是在错误的道路上离目标越来越远。

❸提前计划，合理安排。让学生主动去了解专业的发展前景，选择职业，确定自己想要应聘的岗位需求，有目标地培养、提高自己的匹配度，督促学生提升知识技能水平，为日后的发展打下良好的基础。

第二部分

班级建设篇

案例2-1

自觉接受监督　在其位谋其职
——班委责任意识淡薄怎么办

一、案例概述

小邓，女，担任班长一职。

小邓班上共有五名班干部。一次，在学院开展的团支部风采大赛中，她的班级报名参加，但在答辩当天，参与大赛组织工作的班级同学一眼便看出了该班答辩内容竟与不久前评选优秀班级的材料几乎一模一样。原来，其班干部团队并未提前做好充分的准备。在统一组织答辩彩排时，之前被安排参加彩排的团支书临时有事未能参加，便将此任务交给文体委员，而文体委员事先并不了解此事，学习委员和生活委员也几乎未参与此事，因此，班干部们未将答辩材料按要求拷给学生会。彩排前文体委员才发现拿到了空的优盘，当他再向团支书小陈寻求帮助时，也不能及时获得解决，再加上未提前与答辩人沟通好，因此未参加统一的彩排。后来发现该答辩材料有诸多漏洞，并不完善，班干部们想起先前做过类似答辩，便将使用过的 PPT 稍作修改搬来二次使用，就这样使用了原来的 PPT 来对付此次比赛，由于做该准备的时间紧迫，答辩人也没有进行完整的彩排，在答辩的过程中由于紧张频频出错，最终结果也是非常差劲。小邓意识到了整个班干部团队存在责任意识淡薄的问题，便向辅导员寻求帮助。

二、案例分析

经过了解得知，该班参与比赛所需材料均由班长小邓和团支书小陈负责，而当时小邓的党校工作正处于忙碌阶段，小陈的学生会工作也比较繁忙，比赛的材料小邓大致准备好后，小陈简单修改后便视为完成工作，其他几位班干部并未参与。答辩彩排时小陈因私事未能参与，班干部们未提前沟通协调好，导致一度陷入手忙脚乱的局面。

此案例反映的是当代大学生班干部团队建设中班委成员责任意识淡薄、缺乏解决问题的能动性的问题，尤其是作为班干部核心的班长不能及时掌控大局，班干部成员在工作中敷衍了事，不注重质量和效果。应当从责任意识和协作意识的角度来对该案例进行分析。

❶责任意识淡薄。责任意识是做好班级工作的前提和基础。作为班长的小邓没有做好统筹安排，只将材料交给小陈便不再过问，小陈也将该工作简单敷衍过去，其他几位班干部更是不发表意见，不能积极主动承担起自己的职责。工作完成的质量可想而知。

❷协作意识淡薄。班干部们在工作中缺乏团队合作意识，未能互相帮助和支持，有效沟通少，不仅没有针对工作进行具体分工，发现问题后也未能第一时间讨论解决，造成班委战斗力不强，影响工作成效。

❸工作之间的关系处理失衡。小邓和小陈在同时面临不同的工作任务时，选择敷衍而不是认真对待，导致"在其位不谋其政"，从而影响班级工作的顺利完成。

三、案例处置

良好的班干部团队是班级建设中不可缺少的力量。班干部们只有及时发现问题、妥善解决问题，方能在班级建设中发挥更加积极的作用。

此案例反映出的是班级学生干部团队建设中存在的问题，针对该班的具体情况，辅导员提出以下几点对策：

❶加强对班级干部的考核监督。该班几名班干部对待工作态度敷衍，责任意识薄弱。究其原因会发现，对班级学生干部的工作缺乏考核机制，在工作中存在"干与不干一个样，干多干少一个样，干好干坏一个样"的现象。因此，要规范班级自我评价与自我监督机制，提高干部责任意识，建立过程监督，定期述职制度，及时对干部工作态度、任务落实与活动参与等工

作内容进行考核。

❷ 定期组织交流沟通。班干部在工作中不能及时对接工作，缺乏团队合作意识，导致管理不善，需要多多交流沟通工作，定期梳理，有针对性地组织会议，合理分工、互相配合，提高工作完成效率，从而使每项工作按部就班顺利完成。

❸ 协调各相关工作，不能顾此失彼。学生干部担任多项工作时，要注意调整心态和状态，有条不紊地做好各项安排。该班班干部们在工作中遇到多项工作相撞便乱了阵脚，需要进行适当的调节，积累工作经验，统筹安排工作。

四、案例效果

在与该班班干部们进行交谈后，班干部们也认识到了其内部存在的问题，同时听取了谈话中辅导员对其改进提出的建议。观察发现该班情况已明显好转。

❶ 工作完成效率提高，质量改善。在经过对其内部问题的深刻剖析后，该班采取了一系列包括监督在内的措施，促使班干部们互相督促，提高了责任意识，不再拖拖拉拉，并在过程中总结了工作经验，提高了工作效率，班级工作按时保质保量完成。

❷ 互帮互助，工作氛围良好。针对团队合作意识不强的问题，该班班干部们通过定时组织交流沟通会，深刻反省，互通有无，对工作中的问题进行总结，有难题一起解决，有成果一起分享，不仅沟通了工作，还加深了友谊，团队协作能力大大增强。

❸ 合理安排时间，分解工作。针对某些班干部担任多个职务，多项工作冲突时如何协调的问题，该班班干部通过协商解决。首先协调自己的时间，若不能协调，则求助其他几位班干部，共同协调工作，将一个工作分解开来完成，同时互相鼓励，缓解心理压力。

五、案例启示

❶ 及时发现问题，有效解决问题。班级学生干部在完成工作时，难免

会出现各种各样的问题，这些问题不可忽视。在意识到问题时，要及时提出并通过合适的渠道加以妥善解决。存在问题并不可怕，可怕的是掩盖问题，因小失大。要多站在不同的角度分析问题，敢于暴露问题，将存在的问题放在阳光下，避免给工作埋下隐患，探讨工作方法和得失，不断地积累经验，提高能力。

❷建立合理的干部考核制度。为了使班干部任其职、负其责，需要建立班级工作日志，将工作透明化，实行集体监督、定期考核，引导班级同学对班干部的工作进行中肯的评价，激励班干部认真完成工作，奖优罚劣，增强班干部的责任感。

❸协调工作，合理分工。在班级工作中，每位班干部承担的责任不同，工作内容各异，通常主要干部忙、一般干部闲。这就需要内部发挥团队协作沟通的作用，在各负其责的同时，相互配合，避免一手包干，而要充分发挥每位干部的积极性和主动性，从而更加轻松高效地完成工作。

案例2-2

建立与班委沟通的桥梁
——学生对班干部有意见怎么办

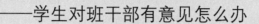

一、案例概述

在大三上学期的奖学金评定工作中，班长小张负责统计班上各位同学的附加绩点。收集完毕后，小张将符合加分条件的同学名单及加分详情汇总发送到学院。但待学院审核通过、公示排名时，小王找到班长并质问："为什么统计时没有算上我四级通过应该加的分数？"班长回应："你的四级通过时间与该学期评定奖学金加分时间不一致，所以没有加。"小王对班长怒道："辅导员说过可以加，你凭什么不给我加？"在此之间，小王和班长的言语之间有稍许激烈，班长无奈，只好另找班委给小王解释，小王才平息怒火。此事之后，小王和班长之间就产生了隔阂，两人再也没有说过一次话。时值大三上学期期末临近，班上准备召开一次班会，班长提议说："这次班会场景布置和打扫卫生就由上次未出席班会的同学承担。"小王不满，私下对班长说："你是不是故意针对我，以往都是抽签决定，这次为什么要改规则？"班长没有想到这一提议竟又引发了和小王的矛盾，一番争执无果后，二人一起到辅导员办公室寻求帮助。

二、案例分析

通过沟通发现，班长小张此次提议是在同其他班委讨论后作出的决定，并不是小张的一人之见，所以并不存在故意针对小工同学的情况。小张这样提议也是出于为班级建设考虑，呼吁大家珍惜大学时光，积极参与班级活动，增强班级凝聚力。小王曲解了班长的原意主要是因为二人许久没有沟通交流，小王以为班长还在为上次的误会耿耿于怀，因而引发了新的矛盾。

综合上述信息可知，此案例反映的是学生干部和学生群众之间常见的矛盾问题，其实质是如何平衡两者的权利与义务。在此基础上再对案例进一步剖析。

❶学生干部的权利与义务。小张努力工作，细致服务群众。在相对的权限范围内，主导班级工作开展，但面对的受众群体面广，不可能确保和照顾到每一个同学的利益和感受，因此协调好整体与局部的利益是学生干部要解决的第一个问题。

❷学生群众的权利与义务。在班级工作中，学生群众既是享受者，也是监督者。当学生群众处于一个被动接受的角色时，如何提出自己的疑问、以一种什么样的方式和学生干部沟通、如何明确学生群众个人权责等问题是班级工作顺利进行必须解决的问题。

三、案例处置

针对学生群众与班委干部发生纠纷的情况，知晓双方具体矛盾点之后，辅导员利用多年的工作经验对此次事件进行协调沟通，为避免以后出现此类情况，辅导员也给出了相应的改进意见，具体如下：

❶增强服务意识，合理安排工作。班委干部是班级管理的重要一环，是同学的勤务员，应该增强服务意识、奉献精神、责任感、为师生办实事。开展班级工作前，广泛征集学生群众意见，拓宽学生群众建言献策的渠道，确保工作意志符合绝大多数学生群众的意愿。

❷互相包容，打造和谐干群关系。在班集体中，班委与学生群众都享有一定的权利与义务，然而权责的界限并不能很明确地划分，所以，增进双方的包容性，强化双方的协作有利于减少矛盾产生，进而深化班委和学生群众的友好互助关系。班委要提升自身素质，面对学生群众开展工作要一视同仁、不计前嫌，对于和自己产生过矛盾的同学要积极、主动沟通，及时化解矛盾、消除隔阂，增进同学情谊。

❸学会换位思考，增强集体意识。学生群众要谅解班委工作的不易与辛苦，树立大局观，转变固定思维，同时提升沟通技巧，与人交谈注意言辞恳切、态度委婉，不可盲目批判。

四、案例效果

通过和两位同学深入地交流，双方都认识到了各自的问题所在，与此同时辅导员也为两位同学打开心结和走出困境提供了一些方法，现在两位同学的关系已有所缓和。

❶双方相处融洽，感情升温，在日常生活中互帮互助，共同进步。在理清整件事情原委之后，双方都敞开心扉，细致深入地表达了自己的真实意图，一起化解了矛盾误会，同时奠定了双方确信能够友好相处、团结互进的感情基础。在今后面对此类矛盾时将不再逃避漠视、手足无措，而是积极面对，主动寻找化解矛盾的突破点。

❷集体意识增强，责任感明确。由于双方认识到了自身存在的不足之处，加之经过此次事件的发酵，双方更加重视集体荣誉。在近期的学习生活中，双方积极主动协作完成了许多活动，不仅班委干部的工作效率提高了，学生群众的参与度与满意度也提升了。

❸搭建沟通桥梁，拓宽民心道路。班委干部结合这次事件，充分吸取经验，在班级内部建立了新的班委干部与学生群众的对接机制，使得班委干部能够及时了解学生群众的学习、生活和工作动向，也便于实时传达班级工作任务，给予双方充分的交流机会，提升班级建设质量。

五、案例启示

❶充分认识班委干部和学生群众主体特殊性。两者是班级组织中紧密联系、互相依靠的两个主体，共同融合在班级共同体之中，属于统一体。双方的争议与矛盾不是固有的，是可转化的。班委干部除了按照传统、一般模式完成班级建设的基本任务外，可以通过其他渠道创建新的工作机制，以此提升工作质量。

❷打破常规，建立双方平等对话机制。打破学生群众或班委干部对另一方的固有偏见，倡导全员参与、集体行动的工作理念。破除班委干部就应该是主导者、责任人的局限思维，转变学生群众事不关己的旁观者心态，融合双方力量共同进步，致力合作共赢，创建有凝聚力、向心力的优秀班集体。

❸身份互置，加强班级内部岗位轮换。建立完善的班级组织岗位轮换制度，既要在班委干部之间轮换，也要在班委干部和学生群众之间轮换，让学生们充分参与集体建设，体验多种角色。这样既能有效培养全体学生的综合能力，又能遏制班委干部和学生群众之间因权利与义务有差距、难以换位思考而产生矛盾的源头。

积极沟通　合理分配　打造高效团队
——班委不和谐怎么办

一、案例概述

张同学，男，2001 年 3 月生，担任学习委员一职。平时喜欢打篮球、弹吉他。性格较为外向，积极参与各项活动。该生家住成都市，家中还有一个同父异母的妹妹。

大一时，该生竞选成为学习委员，并于大二上学期继续担任班委。进入大二后，由于课程的设置不同，班委线下见面的时间较少，对于班级情况的沟通交流不足，对于班级事务的处理也各有各的看法，在处理班级事务时，无法达到统一意见并且互不妥协，致使班级事务迟迟无法通知到位。在多次意见不合导致无法按时按质完成班级工作之后，小张认识到了此问题的严重性，寻求了辅导员的帮助。

二、案例分析

经过交流发现，该生自小成绩较好，对自身要求较高且注重综合素质发展。所以该生在进入大学后主动担任班委并积极学习新技能。

综合以上信息发现，此案例反映的是学生干部中的普遍问题，即各班委如何和谐沟通并互相配合。在这个认识的基础上，再对案例进行详细分析。

❶由工作带来的不良情绪问题。该生大二能够继续任职班委，说明该生不仅拥有一定的工作能力，且对于班委工作具有一定的热情，但班委间沟

通不顺畅问题，使该生产生了一定的不良情绪，对于班级事务的处理也产生了消极影响。

❷学业与工作冲突的问题。进入大二学期，相关专业课程逐渐加重，课程压力及难度也逐步提升，如何保证在学习之余仍能保质保量完成工作，是解决该生问题的一个难点。

❸班委间的协调、沟通问题。由于个人成长环境不同，所以在面对和处理各种问题时也有不同的态度。除了要积极沟通外，更要达成一致，互相配合，以此提高学生的工作效率，这是有待解决的第三个问题。

三、案例处置

针对该生出现的学业与工作冲突、产生不良情绪且无法及时有效地沟通的情况，了解具体情况之后，辅导员结合自身的工作经验给予了他一些建议。具体是：

❶合理分配学习与工作的时间。该生学业压力增大，学习与工作产生冲突，应当充分把握学习与工作各部分的重要性，分清轻重缓急，合理协调工作与学习的时间，要意识到学业和工作并不是互相对立、不可调和的矛盾。

❷与团队伙伴交流，合理分工。该生在班级担任班委且性格较为强势，建议其与团队伙伴多沟通交流，让工作伙伴互相了解彼此工作进度及工作安排情况，学会团队协作，从而合理高效协调班级工作。

❸保持良好心态，适度放松。由于班级事务繁杂和班委沟通不足，该生产生厌烦情绪。建议其多与辅导员沟通，及时调整自己的心理状态，适当地进行压力疏解和心理暗示，给自己营造一个积极阳光的心态。或者通过运动等方式疏解压力，将良好的心情带入工作和学习中。

四、案例效果

经过一段时间与该生的沟通，该生已了解自己目前所面对的问题，并且已经有了明确的解决办法，结合辅导员提出的一系列建议，目前该生状态已有所好转。

❶团队沟通高效，工作分配合理。在对工作内容进行总结后，各班委进行了多次心平气和的沟通，同时也对工作进行了合理的分配，提高了工作效率，避免了情绪化做事，能够按时保质完成工作。

❷学习状态改善，积极性提高。在工作方面，该生与班委伙伴间的矛盾缓和且得到有效处理，由工作带来的不良情绪减少，使得该生能够把重心放在学习上，逐渐找到了适合自己的学习方法，在学习方面也有所进步，提高了对学习的兴趣。

❸压力缓解，心态平和。该生由于学习和工作的矛盾而产生不良情绪，经过一段时间的调节后，矛盾得到化解，该生心理压力得到释放，心态也有所好转。

五、案例启示

❶平衡学习与工作的关系。在当前阶段，学生的心智发育还需得到一定完善，在面对工作与学习冲突时，学生难免会因两者所产生的矛盾而陷入不良的情绪之中。而作为辅导员，更应帮助学生认识到学习与工作的关系，让学生以学习为重点，工作和学习相辅相成，切忌"一刀切"、片面武断地进行处理，而是根据具体情况具体分析，合理解决矛盾。

❷关注学生心理健康，学会情绪管理。学生正处于初入社会的时期，对于自我情绪的管理仍处于一个懵懂的时期，且在产生消极情绪时不愿意寻求他人的帮助。辅导员应多和学生进行沟通交流，关注学生的心理健康，及时排解不良情绪，避免心理疾病的产生。

❸高效沟通，合理分工。在指导学生完成学生工作时，要引导学生学会沟通，通过高效的沟通对工作进行合理的分工，学会分配与合作，提高团队合作的效率，在不影响学习的情况下，按时按质完成工作。

加强沟通 正视问题 齐头并进

——班委之间难以协调一致怎么办

一、案例概述

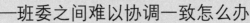

　　小徐，女，2002 年 7 月生。该生为人自信大方，积极进取，曾在高中班级里担任团支书一职。步入大学校园之初，便在班级班委竞选时主动担任组宣委员一职。

　　新学期伊始，小徐与另外五位班委进行分工合作。由于该班委体系刚建成，班委彼此之间尚不熟悉，在最初工作中处于磨合状态，未发现明显问题。但一段时间后，潜在问题便逐渐浮现出来，其他班委开始排斥小徐参与到日常工作的交流中来，忽视小徐的发言。主要起因在于，小徐虽性格开朗且工作能力较强，但为人处世方面仍有所欠缺。在之前的班委会中，常以强硬语气，进行发言，并且在发表个人的看法与观点之后不能接受他人提出的建议，予以反驳，令其他班委心生不满。而在经提醒后，小徐本人却不甚上心。虽小徐的工作能力较强，工作态度认真，但工作中的沟通交流方式欠妥，其他班委觉得自己难以与小徐进行沟通，无法达成共识，但因小徐严肃认真的工作态度又不忍心使其卸任班委，故而选择拒绝与小徐进行工作上的交流来避免冲突。而小徐本人认为自己的性格如此，不愿做出改变，所以她决定寻求辅导员的帮助。

二、案例分析

　　经沟通交流发现，该生为人自信大方，且高中时期在班上担任团支书一职，性格略微强势。故该生在大学中成功担任班委后，希望自己能继续拥有出色表现，能够在自己的带领下建成一个优秀的班集体。

综合以上信息发现，此案例反映的是在校大部分班委中出现的问题，即如何利用好部分班委的极具个性的行事风格，与其他几位班委相互配合，如何将阻力化为动力。在这个认识的基础上，再对案例进行详细分析。

❶缺乏自省，未能从自身出发思考问题。该生的性格略微强势，在出现和他人观点不一致的情况时，拒绝接受他人意见，固执己见，不能理性、客观、全面思考问题。对自己过于自信，发生矛盾被排斥时，也不认为自己处事方式有问题。这是第二个需要解决的问题。

❷缺乏沟通，难以侧面引导其发现问题。该生在班委会议时，无法融入其中参与讨论，难以了解到其他班委的看法，无法从旁人的角度意识到问题所在。缺乏沟通，无人给予其引导并指出问题所在是其中的一个难点。

❸缺乏格局，未能及时端正自己的态度。各位班委之间缺乏包容度，未能摆正自己的态度，缺乏身为班委的责任与使命感，未及时建立起兼容并包的班委体系氛围。缺乏第三方引导，未能及时正视问题，调解班委之间的矛盾，导致矛盾积累，难以解决。这是第三个需要解决的问题。

三、案例处置

针对该生出现班委关系紧张，难以调节自身心态的问题，了解具体情况后，辅导员结合自身的工作经验，给予了她一些建议，具体如下：

❶加强班委之间的沟通，互帮互助。其余班委因该生性格问题而回避与其交流，导致班委之间缺乏沟通，不仅使班级工作难以正常进行，且该生无法从侧面明确得知他人的看法，无法找到问题所在。应平和心态，在沟通与交流中，引导该生直面自身所存在的问题，进行探讨、总结，找到解决方案。

❷完善个人性格的不足，勇于接受。该生性格较为强势，通常情况该类学生都会对自身缺少一个清晰的认知定位。故该生在出现矛盾时应及时根据存在的问题，与自身性格、思维方式相结合，反思总结，调整心态，与自

己和解，弥补自身的性格缺陷，做到自信却不自负。

❸端正个人工作的态度，正视问题。据案例讲述，在出现矛盾时，其余班委均选择回避忽视问题，但作为班委，应及时认识到自身所担负的责任与使命，这不仅与自身相关，更影响着一个班集体的发展。发现自己无法解决问题时，应及时寻求第三方帮助，第三方从中立客观的角度出发，协调处理，引导各班委正视问题，最终达成一致、解决问题。

四、案例效果

经过与该生谈心谈话，该生也明白自己所处困境并表示希望有所改变，结合辅导员在谈话过程中为该生解决问题提出的一些建议，目前该生的状态已有所好转。

❶积极沟通，和谐共处。在与其他几位班委进行深入交流后，该生在其他班委的帮助下，认识到自身的不足，找到问题根源。进行总结反思后，在工作过程中，开始有意识地调整自己的性格、表达方式、思维方式。

❷放平心态，完善自身。经过此次事件，该生逐渐学会改变自己的心态，勇于承认并面对自身的缺点不足，认识到自信不是自以为是、否定他人，强势也不表明自信、强大。最终，对自身有一个全面、清晰、客观的认识，逐步改善，做到自信却不自负。

❸端正态度，齐头并进。因班委之间逃避问题，缺乏足够的包容度，导致矛盾积累。在谈话后，不仅是该生，其余班委也及时端正自己的态度，勇于正视问题，解决问题，正在共同营造一个和谐温暖的班委体系氛围。

五、案例启示

❶关注班委间工作状态。以上案例所反映的在学校里不是个别现象，应做到有问题及时发现，及时解决，拒绝矛盾堆积。有指向性地引导辅助各班委之间和谐共处，配合默契。

❷尊重班委个性。正确运用部分班委与他人与众不同之处，化阻力为

助力，而不是一味排斥，强行同化。引导各班委对彼此之间的差异拥有足够的包容度，互相理解，换位思考，加强沟通，最终做到团结合作、共谋发展。

❸引导班委培养大格局。在班委工作中难以避免会产生各种各样的问题，在产生问题之时，应引导班委及时正视问题，意识到身为班委的责任与使命，以集体利益为先，解决问题，从而做到齐头并进，共同建成一个优秀的班级。

让"躺平式"学生干部站起来
——学生干部不爱看消息怎么办

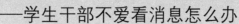

一、案例概述

小张，女，2001年12月生。该学生作息不太规律，喜欢游戏，做事比较投入，容易忽视外界信息。

该生在大一同时加入了多个组织和社团，还在班上担任学习委员，在学期末选择了退出所有部门，只保留了学习委员的职位。刚进入大二时，由于专业分流，和新的同学组成了新的班级，也有了新的合作班委，工作按部就班开展时，却面临了新的问题。由于互相不熟悉，工作节奏不适应，沟通时间也有错位，小张经常"收不到"班长小李的消息，临时班级会议，小李给所有班委发了通知七点食堂见，七点十分小张才气喘吁吁地跑到，一交流，才知道小张七点才看到QQ消息。班级评优需要收集同学学习方面的情况，小李早上八点向学习委员小张了解情况，中午十二点才收到姗姗来迟的回复。虽然班委交流总有"时差"，但是小李和小张总体工作配合还是协调的，但是疫情防控这一突发情况，却打破了稳定。半个小时内需要所有同学回复，一个小时内班委要做好所有同学的核查……通知来得猝不及防又分秒必争。一个无法回避的困扰出现在了小李和小张之间，学生干部总是不爱看消息，怎么办？

二、案例分析

经过交流发现，该生高中学校管理严格，但本身自制力较差，进入大学后，课程时间外的自由时间较多，日常生活对通知消息关注度较低。班长新接手班级，对班级的情况也不了解，面对突发情况，班委也没有管理经验，出现了沟通不到位的情况。

综合以上信息发现，此案例反映的是班委干部间沟通不当，导致班级管理低效率的问题。在这个认识的基础上，再对案例进行详细分析。

❶班级管理的规章制度问题。班委开会是临时通知，说明班委间平常没有沟通工作的制度，彼此不了解，工作的合作程度不够，班委间工作环节联系起来需要大量时间，效率较低。

❷突发事件处理能力不足问题。疫情防控这个突发情况，不是班级管理的常规情况，考验的是班委的应对能力。如何迅速完成学校的要求，同时减轻同学的负担，成为第二个需要解决的问题。

❸同学间沟通的问题。在学习和工作的过程中，每个人的生活作息和工作习惯不同，有的同学能迅速收发通知，有的同学工作积极性不高，不能及时关注班级动向。如何了解彼此，各司其职，共商共建，这是第三个亟待解决的事情。

三、案例处置

针对该生出现班委间沟通不当，班级工作效率低下的情况，了解具体情况之后，我结合自身的工作经验给予她一些建议。具体是：

❶制定班级规章，合理分工合作。班委间可以确定好定期班委会时间，在一段时间内进行一次小范围线下沟通，增加对彼此工作的了解，并对班级建设提出自己的建议，取长补短，更好为班级做贡献。

❷做好突发事件应急处置。班委应收集全班同学的联系方式和紧急联系方式，日常多与同学沟通，有任何班级突发情况都能及时得知，及时处理。如有特殊情况及时向辅导员报备，认真履行班委责任。

❸班委间加深了解，增进关系。小张的作息较为不同，在面对期限较长的任务时，班长小李可以在白天发布，告知截止日期，有临时通知，也可以用电话或当面告知等方式，准确联系当事人，以免出现通知"时差"。

❹班委要调整心态，积极主动面对问题。小张的作息问题导致她不能

及时收到消息，可以主动向班长求助，或者将班级信息设为特别提醒，养成时常注意通知的习惯。面对班级工作时，主动关心工作进度，以及有无自己可以分担的工作。

四、案例效果

经过一段时间与该生的谈心谈话，该生也明白了自己所处困境，结合辅导员在谈话过程中为该生解决问题和走出困境提出的一些建议，目前该生的状态已有所好转。

❶ 班级工作效率提高，完成工作速度快、质量高。在经过对工作内容进行总结、与团队伙伴分工后，该生与班委伙伴合理承担班级工作，同时也找到了工作方法，提高了工作效率，在处理工作事务时不再手足无措，能够在短时间内高质量完成辅导员老师发布的任务。

❷ 工作积极性提高，与伙伴关系和睦。增加了和同伴的沟通，遇到繁重的工作任务和同伴们相互分担，在班级事务中主动帮助班长，对班级建设工作有了更多的积极主动性和创新性。

❸ 学习积极性提高，工作学习两不误。因为找到了适当的工作方法，感觉工作难度与之前相比降低，该生的工作压力也由此减轻，这使得该生在学习方面也有所进步。该生主动拓宽对专业的认识，学习主动性增强，同时通过长期目标和短期目标相结合的方式制定学习目标，以内生动力督促该生提升自我知识技能水平。

❹ 心理压力减小，适当化解压力。之前该生由于不能和班委达成作息上的协调和工作上的对接，心理压力较大，接受建议后，现在的心理负担变轻，不再经常愁眉苦脸，和同学也建立了良好的关系。

五、案例启示

❶ 良好的规章制度能够指导工作正常开展。没有规矩不成方圆，任何组织和群体都需要良好的规章来指导工作。一个班级如果没有适合的规章制度，就不能健康和谐地发展，班委如果不能依照班规班纪管理班级工作，就

不能高效完备地为同学服务。合理的规章制度能够帮助班委和同学提高工作效率和减少对彼此的误解，是班级建设的基础。

❷良好的沟通态度是促进合作的重要方式。为了共同的工作目标，相关人员应该积极主动地互相沟通，加深对彼此的了解，才能更多地知道彼此的长处和短处，取长补短，通力合作，提高工作效率。对于工作中遇到的困难，也不能坐视不理，而应该积极主动地向同伴寻求帮助，群策群力，集中大家的智慧。为了班级的良好发展，班委间应该主动地沟通，建立良好的伙伴关系，将各自的职能互补，满足同学们的需要。

❸从问题中积累经验，学习方法。面对问题，不能简单地解决了就放下，而应该时时反思，常常总结，缺少的技能应该尽快掌握，对于问题暴露的管理漏洞应该尽快填补，从过去的工作中总结出新的工作方法，用于应对下一个挑战。

第三部分

资助规划篇

穷且益坚　向阳而生

——学生家庭遭遇突发意外怎么办

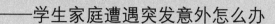

一、案例概述

　　赵同学，女，2001年4月生。家在四川省泸州市纳溪区上马镇的一个小乡村里。该生家中共有4口人，她的父亲、母亲、奶奶以及她，2019年10月她的父亲在工厂发生事故，导致丧失了劳动能力，家庭经济困难。

　　在2019年10月之前，该生家庭和谐美满。父母亲身体健康，在外打工。奶奶年迈，左眼失明，体弱多病，但在该生父母的照料下也能正常生活。她的父母亲即使收入微薄，也能维持家里的开支，支付奶奶的医疗费以及该生读大学的费用。但在2019年10月，突如其来的事故改变了整个家庭。其父在工厂因机器故障，操作时身体被卷入其中，导致他左手截肢并伴随着身体各处粉碎性骨折，在医院治疗了半年并回家休养后，身体基本恢复，但再也无法外出从事工作。其母在其父出事之后辞职大半年照顾其父，之后进入工厂做零工，拿着微薄的工资。其父受伤的事情，压垮了整个家庭，没有了经济来源，还要负担昂贵的医疗费用、该生的生活费用等各种支出。这件事也对该生产生了严重的影响，本来和谐的家庭受到重创，母亲一个人承担起了所有事情，还时常传来父亲恢复不好的消息，导致她一直心情低落、压抑。

二、案例分析

通过和该生的交流了解到，由于该生家庭条件本身较困难，父母不得不外出务工来维持家庭的开支，而她父亲由于工作的特殊性，工作中存在一定的风险，不幸遭遇了意外，丧失了劳动能力，整个家庭也因这次意外而变得更加贫困。

此案例反映的是大学生家庭贫困的问题，本身家庭困难，却又发生了意外导致更加贫困。在这个认识基础上，再对案例进行详细的分析。

❶家庭经济基础差。该生本来的家庭经济情况就比较困难，家在小山村，导致收入途径极其有限，为了更好的生活，只能选择外出务工。而父母知识技能缺乏，为了获得更高收入，便选择了在重工业工厂工作，但同时这也面临着来自工厂的各种危险。

❷家庭收入减少。该生父亲由于突发的意外，受伤严重，失去劳动能力，该生母亲需要照顾该生年迈患有疾病的奶奶以及残疾的父亲，导致其母也只能选择做零工，将重心转移到家庭上。父母工作受限，进一步导致家庭收入降低。

❸家庭支出大。该生正在读大学，各方面支出较大，同时，家中父亲、奶奶的医疗费用、生活费用高。其母一份微薄的工资，不足以支撑整个家庭的支出。

三、案例处置

针对该生家庭条件困难，经济能力有限的情况，在向该生详细了解了具体的情况之后，辅导员给予了该生一些建议。具体如下：

❶积极争取高校助学金。该生家庭条件困难，家庭成员由于身体疾病而丧失劳动能力，家庭支出大，该生可以每年积极争取国家助学金，获得国家的相关经济支持，作为平时支出以减轻家庭经济负担。

❷争取校友资助。本校每年都有优秀校友回校对在校贫困大学生进行资助，该生也可以提交资助申请书，让学校了解到该生的家庭困难情况，争

取优秀校友的经济资助。

❸申请大学生助学贷款。国家支持大学生学费贷款，在贷款期间无利息。该生可以在生源地申请大学生学费和住宿费的贷款，缓解上学学费压力，减轻家庭的经济困难。

❹保持良好心态，努力学习。由于家庭突发意外，该生一直心情低落、压抑。该生要学会调节自己的情绪，不好的情绪要及时抒发出来，可以向同学、朋友、老师倾诉，也可以进行户外运动，要找到一个能放松自己心情的方法，保持心情愉快。同时，要乐观接受现实，不可因此自卑，而要更加努力学习专业知识，积极参加社会实践，丰富自己，用知识改变命运。

四、案例效果

辅导员详细了解该生的家庭情况，并且与该生进行交流谈话后，积极帮助该生申请国家助学金、优秀校友资助等，同时，对该生进行心理疏导，给予她一些建议，目前该生的生活学习状态有所好转。

❶家庭经济负担减轻，家庭生活步入正轨。该生在申请助学贷款、申请国家助学金以及申请优秀校友资助后，成功获得了国家、学校和校友的支持，解决了大学学费以及部分生活费，为家庭节省了一大笔支出与开销，减轻了家庭的经济负担。同时，向该生了解到其父身体恢复良好，母亲在外做零工补贴家用，生活逐渐步入正轨。

❷情绪缓解，保持良好心态，学习更加认真。因为其父亲恢复良好、家庭经济情况好转，该生不再心情压抑、低落，逐渐放松了心情，重新振作起来，保持良好的心态。受到本次事件的影响，该生也更加相信"知识改变命运"，在学习上更加努力，制定学习目标，提升自我知识水平。

❸吐露心声，心理压力减小。因为其父亲突发的事故，该生在学习、生活方面压力较大，在室友和辅导员开导后，该生会向朋友、老师主动倾诉，心理压力减轻，学习和生活更加轻松。

五、案例启示

❶了解学生信息，公平分配国家助学金。每年都有学生们申请国家助学金以减轻家庭负担，要详细了解学生们的具体情况，公平分配助学金名额，为真正有困难的学生提供帮助。

❷关注学生的学习、生活和家庭情况。上大学后，学生众多，事务繁杂，老师往往会忽略学生的生活情况，而学生可能因为自卑、内向等问题不会主动对老师朋友进行倾诉与沟通。要注意关注学生或其家庭的突发状况，积极对学生进行疏导，给予学生切实可行的建议。要注意关注学生的心理情况，调节学生的情绪，使学生保持良好的心态应对未知的事件，引导学生提升抗压能力，在逆境中不屈不挠、自立自强，砥砺前行。

勤俭节约　做自己经济能力范围之内的事
——国家助学金评定出现异议怎么办

一、案例概述

　　大三女生小红是经管专业学生，该专业一直秉承公平公正公开的原则开展助学金评定工作。但是，近期一次国家助学金评定出现异议。

　　小红在专业群里发送消息实名举报同专业小李（女生）拿着助学金买iPhone。原因是小红观察到小李经常买一些高档化妆品、平板、笔记本电脑以及品牌衣服，她觉得小李的举动十分不符合对家庭贫困的认定，可能存在骗取助学金的情况。小李得知此事后觉得很委屈，她表示自己上交的家庭贫困认定情况表的确属实，买这些东西的钱都是靠自己假期实习和平时兼职得来的，买 iPhone 的钱也攒了很久，并且用了分期付款，只是在平时生活中吃喝比较拮据。小红觉得小李的助学金获得存在不合理情况，而小李又觉得自己并没有做错什么，只是花钱大手大脚了些，如今两人之间关系已经非常紧张。小李认为小红的举动已经严重影响了她的正常生活，并且对她造成了一定的舆论影响，想要小红公开道歉。小红希望辅导员能够彻查此事并对助学金的评定作出合理解释。

二、案例分析

　　经过调查发现，小李的家庭贫困认定并无任何问题，她通过自己的努力挣了不少钱，由于对生活用品的要求较高才会省钱买那些东西，不存在骗取助学金的问题。针对小红同学的异议也作出了解释，小红对于申请国家助学金的同学存在刻板印象，认为以他们的经济状况无法负担那些东西。

综合以上信息发现，此案例反映的是国家助学金的使用问题，其本质是助学金是否有用到实处。在此基础上再对案例进行详细分析。

❶国家助学金的使用问题。小李的贫困认定没有问题，该生没有说谎，但是没有遵循勤俭节约的原则，使得助学金没有发挥真正的用处。这使得同学不满，滋生不良情绪，破坏同学友谊，影响集体团结。

❷沟通的问题。小红在专业群里公开质疑，扩大了事情的影响，使得更多人知道这件事，不利于私下调解。这已经不是他们两个人的问题了，需要公开处理给同学们一个交代。

❸国家助学金的评定标准问题。根据小红、小李的事件发现，国家助学金的评定不能仅限于贫困认定，是否应该考虑从不同方面评定。

三、案例处置

针对上述两位同学产生的问题，在了解具体情况后，辅导员对她们分别提出了建议，并对助学金的评定重新作了解释和整改，具体是：

❶对于国家助学金的使用问题，原则上不干预学生的使用范围，但是提出勤俭为主、量力而行的建议，不提倡学生过度使用不符合经济条件的物品。

❷针对小红与小李之间的矛盾，对两人分别进行劝诫。对于小红，该生一直勤勉努力，并无其他不妥，对她所提出的国家助学金使用问题作出回应，并表示认同，但是对于她在班级群的发言表示思考问题不够全面，希望她以后能做到谨言慎行，继续对班级提出建设性意见。对于小李，首先进行疏导，保护该生的自尊心，了解该生的具体想法，对国家助学金的使用提出恰当的意见。

❸对国家助学金的评定标准重新展开讲解，并发布问卷，收集每名同学的建议，召开班委会，完善评选规则和监督措施。因为国家助学金的评定事关每名学生的生活、学习问题，应做到公平、公正、公开，避免学生因为国家助学金产生矛盾，影响班级团结和同学情谊，让每一笔国家助学金都落到实处。

四、案例效果

经过一段时间的调解恢复，小红与小李已经握手言和，关于小李同学不好的传闻也逐渐消停，小李平时的生活也节俭了不少。

❶班级氛围缓和，通过这次国家助学金风波同学们的凝聚力得到了加强。在对助学金的评定重新完善评定流程时，每一位同学都参与了进来，提出了自己的看法和宝贵意见，对于其他需要评定的荣誉奖项，大家也都提出了自己的意见，班委们取其精华去其糟粕，与辅导员反复沟通，促成了一系列新规则的制定，每一位同学对于班级的建设都贡献了自己的力量。

❷攀比的风气有所好转，节俭得到一致认可。在重新宣讲了国家助学金评审政策后，同学们对于国家助学金的认识更加深刻，意识到助学金本质是为条件艰难的同学提供补助。需要助学金的同学理应勤俭节约；不需要的同学也减少了花钱大手大脚的次数，养成勤俭的习惯。

❸同学之间感情加深。经历本次事件后，同学们对于同学情有了更深的认识，越来越珍惜相处的时间，班级也趁此举办了不少活动，促进同学情谊，不少以前有隔阂的同学消除嫌隙，忘记过往，重新认识对方。

五、案例启示

❶在国家助学金、奖学金的评定按照上级要求的前提下，多听取同学们的意见，听听同学们的看法。在不违背原则的情况下，尽量确保以民主的方式进行各种评定，让大家体会到公平、公正、公开，并及时处理同学们提出的问题。

❷对于同学之间的相处问题，要及时跟进，定期举行寝室长会议，与同学们交心，了解同学们的生活状况和班级发展情况。虽然很难做到对每一位同学都关心到位，但要时常与同学们交流，鼓励同学们主动前来沟通。

❸班级的氛围决定了班风、学风的好坏，班级的凝聚力体现为班级的团结。在了解同学们的前提下举办一些适合同学们的活动增进感情。当班集体出现问题时，要及时解决并将处理的方式、结果反馈给大家。把每一位同学都当作组织的一分子，让同学们虽然身在学校，但也能感受到家的温暖。

打开心扉　重获新生

——家庭经济困难学生有自卑心理怎么办

一、案例概述

蒋同学，男，来自某贫困县，生于多子女家庭，家庭主要经济来源为其父务农的收入。该生性格内向，不敢和别人交流，认为自己低人一等，怕被别人嘲笑，所以抵触和同龄人相处。不参加任何活动，性格孤僻，独来独往，沉浸在自己的世界中。

该生在第一学年表现得比较异常。上课闭口不言，即使偶尔被老师提问，声音也小得几乎听不见，并且经常回答错误。下课也只是静静地坐在座位上戴着大耳机发呆，同学试着和他交流但没有成功。学习成绩下降厉害，且有多科不及格。其中，第一学期平时出勤情况良好，但第二学期出现了较多的迟到、旷课和班集体活动缺勤。该生曾在校外餐馆做过勤工助学，但在三个月后放弃。这种不良的社交状态同时影响到了他的学习状态，上课无法集中注意力听老师讲课，课下也不认真完成老师布置的作业，成绩逐渐下降，他也愈发自卑，从而产生了厌学的心理，常常迟到和旷课。发现问题的他选择寻求辅导员的帮助。

二、案例分析

经过交流发现，该生经济压力较大引起的各种各样的问题导致心理上所承受的压力也要比其他学生大得多，因此，相对更容易产生个性特征和心理方面的变化。该生的近期表现及一学年的变化表明其存在一定程度的心理障碍。

综合以上信息发现，此案例反映了家庭经济困难学生的普遍问题，本质是解决学生自己的心理障碍问题。在这个认识的基础上，再对案例进行详细分析。

❶自卑、敏感。由于经济困难，该生在衣着、行为举止方面显得寒酸、小气。由于其原有生活环境相对闭塞，该生知识面较窄，对于寝室同学谈论的话题很难介入。因此，当自身能力与对外界的需求相冲突时，心理就会失去平衡，出现否定自我的倾向，逐渐产生强烈的自卑心理。

❷焦虑、抑郁。在第一学年初期，该生把取得好成绩作为摆脱贫困的主要途径。为了缓解家庭经济压力，在正常学习的同时又进行勤工俭学。但是，较高的学习目标需要付出更多的学习时间与急切希望通过勤工俭学自立的矛盾使其处于心理紧张、焦虑的状态，长时间焦虑会形成抑郁，进而产生对自己的怀疑和放纵，对学习、生活失去信心而逃避。

❸自我封闭、孤僻。大部分贫困生都持有积极进取的人生态度，他们能够把贫困作为自己人生的历练。但这名学生却错误认为自己没有获得同龄人同样的生活条件和机遇是命运与社会的不公平，心里害怕受到伤害，不肯轻易向外人展示真实自我，缺乏交际能力。害怕与人接触，这种自我封闭使自己渐渐脱离了集体，切断了与外界的交流，致使自己在封闭的心理世界里痛苦煎熬。

三、案例处置

综合上述分析，这名学生产生负面变化的根本原因在于缺乏自信心，没有面对困难的勇气。辅导员根据以下方法帮助他走出心理阴影，摒弃脆弱，树立对学习、生活的热情和信心。

❶和学生建立友谊，打开心扉。在一段时间内多次与该生交流，站在朋友的角度，从学习、生活、家庭等方面的细节入手，主动地关心他，平等地对待他，给予他多方面的鼓励、支持和理解。刚开始，这名学生并不愿意完全讲出自己的想法，但他也能感觉到来自老师的真诚和关心，渐渐地也就

放下包袱坦诚地交谈了。有了这种认同感和信任，他也在辅导员的引导下，认识到自己的问题，情绪稳定了，这为接下来的教育引导打下了良好的基础。

❷加强思想教育，树立正确的理想信念。结合一些身边的细节和大家都比较熟悉的事例，对他进行激励，帮助他树立正确的人生观、价值观。鼓励他在困难面前不低头，将逆境看作是自己人生的一种历练。在思想教育中，他的积极性被比较充分地调动了起来，对于鼓励和正面的激励很认同；同时这种不断的交流也增加了他对老师、同学的信任感。

❸鼓励学生积极参加集体活动，增进人际交往。在班集体活动中，鼓励该生积极参与。除此之外，还鼓励该生同班委一起策划活动、准备活动物资等，在这个过程中，给予该生肯定，让该生明确自己的价值。

四、案例效果

❶该生逐渐丢掉身上的包袱，走出阴影，拥抱阳光。改善了与同学们之间的关系，开始与周围的人交朋友。与人说话不再面红耳赤，敢于向别人分享自己的观点。

❷正确认识了自己的问题，以更加饱满的精神投入学习中。上课认真听讲，积极回答老师问题，课下作业认真完成，甚至能为别的同学答疑解惑，最后在期末考试中取得了优异的成绩。

❸积极参与班上的活动，主动承担班级团建活动策划，并且该活动受到了班上同学的好评。参与竞选了班委，加入了学生会，在同学的信任和老师的鼓励下，他对为班级服务、为同学服务的热情愈发高涨。

五、案例启示

❶引导大学生正确认识和评价自我。进入大学后，不能正确认识和评价自己是大学生产生自卑心理的一个重要原因。在学习和生活中，辅导员要重视培养大学生正确的自我认识，帮助他们切实摆正自己的位置，既要接纳自己的优点，也要接纳自己的缺点，因为每个人都是不完美的；学会无条件

地爱护自己、相信自己、全面而深刻地接纳自己，把不完美当作前进的动力而不是成长的阻碍。

❷重视大学生心理健康教育，提高心理素质。在辅导员的日常工作中，要更多地关注学生的心理健康，建立心理档案。通过邀请学校专职心理咨询师做讲座、开展心理知识沙龙等活动，广泛宣传和普及心理健康和心理卫生知识。帮助学生树立正确的生命观、生存观、生活观，最终确立正确的世界观、人生观和价值观，从而更好地提高大学生的心理素质，促使大学生勇敢地面对各类问题和挑战。

❸开展自我心理健康教育，实现自我调适。在生活中，辅导员要积极鼓励学生开展自我心理健康教育，同时加强大学生自我心理训练、自我心理激励和自我心理辅导，帮助学生从自身出发，解决心理方面的各种问题。对于自卑者，帮助他们敞开心扉，和外界充分地交流，驱散积郁心中的阴霾，使其心理压力及时得到释放。

案例3-4

公平公正　实事求是　分配合理
——困难学生不敢申请助学金怎么办

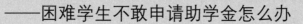

一、案例概述

　　小赵，女，2001年8月生，家在四川省巴中市平昌县，家里面有四口人。该生平时喜欢看书，参加各类志愿者活动，课余时间喜欢听歌。该生性格比较内向，平时不太喜欢和同学、室友打交道，喜欢独处。

　　最近一段时间，班上展开了有关助学金等资助的评定和申请工作。小赵家里情况不算太好，母亲没有工作，弟弟还在读高中，仅凭父亲一个人工作维持全家生活，所以她想申请助学金。但是由于自己性格比较内向，自尊心很强，害怕班上的同学知道家里的情况后笑话她，同时她害怕有的同学可能会在背后指指点点，所以虽然有这个想法，但是不敢去申请。加上之前她了解到有申请没通过的同学对申请到的同学进行道德绑架，这令她更加害怕了，一直不敢去提交申请书。她不知道自己该不该去申请，好像自己家里也没有那么贫困，但是确实很需要这笔助学金。这令她非常苦恼，于是她向辅导员寻求帮助。

二、案例分析

　　经过交流发现，该生性格比较内向、自卑，最近在开展助学金评定和申请工作，之所以不敢提交助学金申请，是因为她怕自己的家庭情况被同班同学知道，除此之外，她觉得有的同学可能会在背后指指点点或者道德绑架，这让她更加不敢去申请了。进退两难使她苦恼。

综合以上信息发现，此案例反映的是大学生资助工作中的普遍问题，其实质是如何去处理学生的自尊心和助学金评定问题。在这个认识的基础上，再对案例进行详细的分析。

❶学生性格太内向并且不喜欢与别人交流的问题。该生性格比较内向不愿与他人交流，导致很多事情可能都是自己憋在心里，没办法得到很好的处理。

❷学生因为家庭情况自卑的问题。该生现在出现的问题就是因为自己的家庭情况不太好而产生自卑，不敢去申请助学金。大学就像一个小社会，该生害怕受到同学的嘲笑所以不敢去提交申请。如何让该生不再害怕，直面自己的家庭情况去提交申请成为第二个需要解决的问题。

❸其他学生对评定结果有异议的问题。因为助学金的名额有限，所以会有一部分人申请不到这笔助学金，可能会对申请到的同学进行道德绑架的问题，或者是对助学金的评定存在异议的问题。所以这第三个需要解决的问题就是如何去处理同学之间关于助学金评定和分配的问题。

三、案例处置

针对该生出现自卑、自尊心强，不敢去申请助学金的情况，了解具体情况之后，辅导员结合自身的经验和情况给予了她一些建议。具体是：

❶对该生进行心理和思想上的开导。前面也提到了该生性格内向而且不喜欢与他人交流，这就需要同学、朋友、室友对她进行心理上的开导和帮助，使该生性格开朗起来，愿意与他人进行交流和沟通，表达自己的想法，从而形成更健全的心理、人格。

❷多和该生进行交流和沟通，帮助她树立自信心。该生因为自己家庭情况而感到自卑，应该认识到只要一直努力，一定能够让自己的家庭条件逐渐变好。鼓励她多做一些积极的事情来树立自信心，让她明白真正的自信来自内心的富足、丰盈。

❸对助学金评定做充分清晰的讲解和说明，秉持公平公正的态度开展。对于其他学生对助学金评定的结果存在异议甚至道德绑架等问题，首先要在

评定前进行说明，对评定规则做出解释，并做好正面引导工作，鼓励家庭经济困难的同学申请。其次要做好情况调查，了解评选过程中是否有违规情况的出现。最后要在班级公示，将评定结果在班级中公开公示，并做好情绪安抚工作。除此之外，还应该引导班级同学树立正确的消费观念。参选者的行为习惯，并不能代表他们的经济状况。

四、案例效果

经过一段时间与该生的谈心谈话，该生也明白了自己所处困境，同时结合辅导员在谈话过程中为其解决问题和走出困境提出的一些建议，目前该生的状态已有所好转。

❶心理上转变态度，敢于和他人交流沟通。在经过对该生心理和思想上的开导之后，该生终于转变心态，开始敢于与室友、同学等进行交流沟通，愿意与他人分享自己的看法，性格也开始变得外向。

❷自信心得以树立，克服自卑心理。在参加了一些积极的活动后，该生的自信心得到了很大的提升，慢慢地克服了自卑心理。除此之外，该生还了解到还有很多比自己家庭情况更困难的学生都在努力拼搏，于是该生坚定了努力学习的决心，相信所有的困难都是暂时的，希望通过自己的努力去改变命运。

❸不再害怕别人的看法，勇于递交申请书。该生在辅导员和班委对助学金的充分讲解下，终于克服内心的自卑，不再去害怕别人的看法，按照申请条件和要求递交了申请书。该生参与助学金的整个评定和评选过程，见证过程透明、公平、公正。

五、案例启示

❶正确处理大学生出现的内向和社恐现象。在大学生活中，学生们会遇到形形色色的人，需要他们去进行交流和沟通，要敢于向他人表达自己的想法，敢于展现自己。要迈出心理那一道坎，大学既是求学平台也是一个迈向社会的重要阶段，要多参加活动，多交一些兴趣爱好相近、志同道合的朋

友，多和同学、老师、朋友交流。

❷帮助学生克服自卑心理。很多家庭困难的大学生都会存在自卑的心理，不管是出于家庭情况还是学习等原因，所以应该对其重视。学生应该认识到人无完人，大家都是有缺点的，只有找到自己的优点并学会在适当的场合展示自己，扬长避短，才可以极大地提升自信。辅导员在日常生活中应该密切关注学生的心理健康情况。

❸助学金评定工作要做到公平、公正、公开，对结果要公示，同时也要照顾到没评上的同学的心情。助学金的名额有限，不能让每个人都评上，所以应该将名额落到实处，给真正需要的人。评上的同学对助学金的用处有着自己的考量，不应该对其进行道德绑架，对于没有评上的同学也要进行安抚工作。

案例3-5

眼光往长远看 厚积薄发
——学生在进行生涯规划时感到迷茫怎么办

一、案例概述

陈同学，女，2001年12月生。该生平时喜欢看电视剧、读课外书，为人友善，性格比较外向，经常参加学生社团活动。

该生进入大三以来，开始着手规划自己大学毕业以后的去向，但是发现内心十分矛盾，无从下手。面临的主要问题是，临近毕业，该生对自己的未来感到迷茫，在考研和找工作之间犹豫徘徊，难以抉择。她认为当前社会"内卷"现象严重，高学历成了一些优秀企业的门槛，大学本科毕业是很难找到一份好工作的，如果想要未来的职业发展得更加顺利，通过考研提升自身学历是十分必要的。但是该生家庭经济情况比较困难，她又觉得自己应该早一点找份工作减轻父母的负担，改善家人的生活，改变家庭的现状。看到身边的同学和朋友早早地就明确了自己未来的方向，并已经开始朝着既定目标努力时，该生内心愈加矛盾纠结，因此产生严重的焦虑感，甚至影响了正常的学习和生活，就算有意识地调节自身不良情绪，效果也不是很好。她意识到自己已经无法通过自我调节调整自身状态了，所以她决定寻求辅导员的帮助。

二、案例分析

经过交流发现，该生家处农村，小时候是留守儿童，父母常年在外务工，自小跟着爷爷奶奶长大，和爷爷奶奶有着很深厚的感情，平常生活节俭，很懂事，对长辈也很孝顺。该生家庭经济困难，但是自强不息，靠着自身努力顺利考上大学，在校成绩优异。

综合以上信息发现，此案例反映的是毕业生的普遍性问题，其本质是如何根据个人情况进行生涯规划。在这个认识的基础上，再对案例进行详细分析。

❶ 自我认知问题。该生在考研和找工作两个选择之间充满犹豫，实际上是对自我的认知还不够清晰。在进行生涯规划时，如何深入自己的内心，了解自己最真实的想法，探寻真正适合自己的选择，是第一个值得思考的问题。

❷ 环境评估问题。严峻的就业形势导致学历贬值，通过考研提升学历逐渐成为社会的一大趋势，考研竞争激烈是所有毕业生面临的一大困境。除此之外，家庭经济困难，继续深造和改善家庭状况二者难以平衡，这是该生面临的另一困境。在进行生涯规划时，如何客观评估所处的环境，是第二个值得思考的问题。

❸ 目标确定问题。该生由于迟迟没有明确自己的目标，而周围同学目标坚定，经过对比，心里产生极大的落差感，所以才会出现严重焦虑的情况。在进行生涯规划时，如何权衡决策，尽早确定目标，是第三个值得思考的问题。

三、案例处置

针对该生临近毕业但对自身生涯规划不明晰而产生焦虑的问题，了解具体情况之后，我结合自身的工作经验给予了她一些建议。具体是：

❶ 自我分析，给自己画像。该生对自我的认知不够清晰，需要对自己进行全方位的客观分析，这样能更明确以后想做什么和可以做什么，更容易做出合适的选择。建议其依据自己过去的经历，对个人的兴趣、性格、价值观等进行反省；依托科学的测评工具，对个人的能力和潜力进行测评。

❷ 充分考虑环境这一因素。虽然高学历是未来职业发展中很重要的一个因素，但也不是必不可少的，部分行业领域、岗位工作可能会更看重实践

经验和工作技能，该生应该多渠道收集相关信息，充分了解自己的目标职业是否对学历有严格要求，并以此为依据提高人岗匹配度。针对家庭经济困难问题，建议该生与家人多交流沟通，充分了解家人的态度，与他们协商讨论出使得家庭利益最大化的方案。

❸坚持理想与实际相结合的原则，权衡利弊，确定目标。该生焦虑的根源在于目标还未明确，所以需要尽快评估自身所面临的机遇与挑战，找到一个合理且可行的生涯发展方向。在进行生涯规划时，既要考虑自我理想的实现，也要结合实际情况，只有实现自身因素与环境条件最大程度的契合，才能趋利避害，使得最终确定的目标更有实际意义。

四、案例效果

通过与该生进行深入谈话，在谈话过程中引导其客观分析自身所处困境，同时为其解决问题提供一些方向性指引，目前该生的状态已有所好转。

❶自我认知逐渐清晰，环境分析更加全面。在深刻的自省以后，该生认识到了自己的志向所在：她希望能进一步深入地学习专业知识，继续深造。因为通过多方面了解，该生目标职业的学历门槛虽然不高，但是在未来的职业发展中高学历却是一个"隐形硬指标"。该生就现实状况同家人商量以后，家人均表示希望她继续求学，因为改善家庭情况不急于一时，学习的机会却是稍纵即逝的。

❷生涯目标最终确定，学习积极性得以提高。因为明确了考研的目标，该生不再纠结毕业以后是选择工作还是考研，也不再过分关注周围同学的情况，转而关心自身的成长发展，逐渐找回了之前良好的学习状态。除此以外，该生在课余时间着手为考研做起了准备。她通过各种渠道了解了许多有关考研的信息，目前初步确定了自己的目标院校和专业，并为此制定了长期计划和短期计划。

❸心理压力得到疏解，焦虑感转变为积极的动力。经过一段时间的调整，该生压力得到有效疏解，因为目标不确定导致内心矛盾纠结影响学习和生活的情况逐渐好转。该生现阶段目标坚定，对待学习和生活都十分积极。

五、案例启示

❶要尽早做好生涯规划指导工作。就业与深造求学是许多毕业生不得不面临的抉择。为了减少学生在毕业前夕感到迷茫和困惑的情况，辅导员应该尽早了解学生的兴趣和潜力，根据不同学生的个体差异对他们进行一对一辅导，帮助其明确未来发展方向，做好毕业规划。

❷生涯规划指导要助人自助，授人以鱼不如授人以渔。没有人比学生本人更了解自己，每个人的未来走向都应该牢牢地掌握在自己手中。在为学生提供生涯规划指导时，应该采取适当的方法启发学生独立地思考、决策，促使其转变认知，学会规划自己的生涯路径。在规划人生时，应学会从长远考虑，不要在乎一时得失，不能急功近利，耐心等待，积蓄力量，沉淀自己，终能守得云开见月明。

❸没有人是一座孤岛，生涯规划不只是学生个人的事，还关乎一个家庭。在进行生涯规划指导时，应该引导学生同家人交流和沟通，充分考虑环境因素的影响，结合现实状况，做出对个人、对家庭而言最优的抉择。

案例3-6

拨开迷雾　找准目标　提升自我

——学生职业选择问题

一、案例概述

　　肖同学，女，1999年12月生。该学生平时喜欢跑步、参加志愿服务活动，课余喜欢阅读哲学、推理方面书籍。该生性格比较外向、活泼，比较好强，不拘小节，很看重家庭，希望减轻父母负担。家庭幸福，相处和谐融洽。

　　该生在大一同时加入了多个组织和社团，还在班上担任班委。大一时期，该生决定以后进入外企，便修读英语双学位，还在校外学习英语口语，但是效果并不明显，平时也在学习上花费了大量时间，但是技能没有提升，考下的证书很少，并没有推动自身向着目标前进。大二结束后，该生由于性格偏好和目标理想改变，决定报名参军入伍。经过一系列筛选，进入部队。而后退伍重返学校，继续学业。如今自己双学位还未修读完成，但是目标工作方向转变，着急提升自我，却无从下手，着实是团团乱；对于社会职业发展方向也缺乏较强的分析力。该生在人生道路选择方面存在困惑，决定寻求辅导员帮助。

二、案例分析

　　此案例反映学生对于人生道路选择的问题，本质是如何面对迷惘和不知所措。在此基础上对案例进行具体分析。

❶引导该生走出迷惘，采取适宜的方法进行学业提升。就目前的就业情况而言，其实不太乐观，而该生在部队时并未学习专业课程，当务之急是尽快适应校园生活，进入学习状态，提升专业技能和核心竞争力。

❷引导该生认识自我，明确自身适合的职业方向。该生入校时想要在毕业后进入外企工作，这要求该生熟练掌握英语，同时需要了解外企的相关任职条件。但该生后来改变了目标理想，这就需要引导该生朝着新的目标方向努力。

三、案例处置

针对该生出现的面对职业选择迷茫困惑的问题，辅导员结合自己的工作经验给予了她一些建议和有针对性的帮助。

❶通过多种渠道了解案例情况，全方位掌握信息。首先通过网络与肖同学聊天建立联系，在谈话间引导肖同学说出自身困惑和疑虑，并表示自己会竭力帮助她走出困惑。同时，定期向班委以及班上同学进行咨询，询问近期大家所见的肖同学的上课状况以及私下的情绪状况。此外，也会通过科任老师进行对接，了解肖同学最近的上课状况。

❷面对面交流解答该生困惑。当面与该生先聊聊近期状况、以后的目标以及部队生活，与她产生共鸣。一方面，能够带动肖同学通过语言纾解心中的情绪。另一方面，让她感受到大家的关怀。随后切入正题，询问学业方面问题。

❸依据所掌握信息及个人经验给予该生建议和意见。向她讲解目前自己所收集的相关职业问题，向她讲解优秀学姐、学长的成长经历，鼓励她与学姐学长沟通请教。肖同学表示自己会比较客观选择方向，不会再总是左顾右盼。

四、案例效果

经过一段时间与该生的谈心谈话，该生也明白了自己的问题所在，同时实践了辅导员在谈话过程中为其解决问题提出的建议，目前该生状态已有明显好转。

❶该生树立正确的职业观，能够理性地选择自己就业方向。该生对自己有一定的认识，清楚自身的不足和优势，扬长避短，不断提高自身处理事务和人际交往能力。明确自身优势后，确定自己可以从事的职业方向，并为此而努力。

❷学习主动性增强，专业技能提高。在该生初步明确了目标方向之后，学习的积极性和主动性提高，会在课下与老师同学交流不理解的问题，在专业安排的实践课程中也积极向老师请教相关问题，将专业知识运用于实际中。

❸在学习专业知识的同时不落下英语双学位的学习。该生复学后未放弃双学位的学习，仍在周末同室友一起学习英语知识，努力跟上课程老师的进度。

五、案例启示

❶更多地关心与沟通，能够及时发现问题并给予解决方法。此事件中，肖同学经历部队的淬炼，心理成熟度应该比较高，对于人生的考虑当然会比较全面。针对肖同学此类同学，应该转换对待普通大学生的思维方式，指导他们用前瞻的思维来做选择，打消不必要的焦虑心理。让他们明白胡思乱想、左顾右盼只会错失良机。目标确定后，就要专注朝着目标前进，不忘初心。

❷充分发挥班委的团结纽带作用。班委是上传下达的通道，也是与同学最亲近的助手，通过班委能比较详细地了解同学情绪和日常行为，避免当事人可能不愿意表露情绪的情况。也防止了当事人情况恶化，向着不可控的方向发展，出现好同学变成坏同学的情况。

❸面对问题适当地寻求帮助，而不是闭门造车。学生进入大学都应该仔细思考自己以后何去何从。但是这个思考不应该是引发自身焦虑的根源，思考是前进的动力且更多地应该转化为行动。思维是行动的先导，只有思维上改变了，才会有行为的改变。提前做好职业生涯规划，找好前进道路，一定程度上有利于学生的自我提高，也能够更好地适应社会发展。学生遇到职业选择这类问题是正常的，只需端正心态，必要时可以寻求师友、家长的帮助。

为自己的选择负责

——学生对未来的方向感到迷茫怎么办

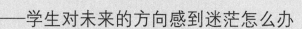

一、案例概述

　　小周，女，2001 年出生。该生平时喜欢看书、跑步、逛 B 站、刷知乎、听音乐、参加志愿服务活动。该生有时喜欢热闹，有时又喜欢安静，还喜欢思考未来。

　　该生没有加入社团或组织，在班上担任班委，平时对待课业的态度良好。面临的主要问题是：新学期进入大三年级后，课业加重，打算考研的同学陆陆续续开始准备考研资料；打算工作的同学也在考虑找实习；而该同学在面临读研、考公、就业这三大选择的时候感到迷茫，始终不能定下来。部分任课老师建议同学们读研究生，该同学也认为读研能有全面的提升，但考研的过程很累，而且读研期间还有论文发表的压力，对读研的期望有点降低。该同学又认为考公之后生活就会稳定，但由于竞争人数太多，上岸很难，自己也还有去体验社会的想法，不想过早考取公务员。对于找工作，该同学认为，早点工作能锻炼自己的工作能力和人际交往能力，但会面临更大的工作压力。面对三个选择，她日思夜想，久久不能下决心，导致上课不能专心，与同学交谈的时候也心不在焉，严重影响了她的学习和生活。所以她决定寻求辅导员的帮助。

二、案例分析

　　经过交流发现，该生对待学业态度认真，对自己要求较高，希望尽力做到最好。面对选择，该生喜欢反复斟酌，想要做出一个最佳的决策，但由于考虑太多，难以下定决心。该生父母期望该生能早日在社会上历练，但是该生认为读研会有更大的发展空间，也有更强大的心态和能力去应对工作。

综合以上信息发现，此情况反映的是大学生面临的普遍问题，其本质是如何确定毕业后的发展方向，更深层的就涉及如何确定自己的人生方向。在这个基础上，我们再对此情况进行详细分析。

❶父母与孩子的沟通问题。面对孩子的人生选择，父母与孩子没有多沟通，导致父母与孩子产生分歧。

❷定位不清晰的问题。该生对真实的社会接触少，没有在学习期间多去接触社会、去实习，导致对社会不了解，也就难以根据环境给自己明确定位。人生定位不清晰就会在面临种种决策时犹豫不决。

❸缺乏自主承担的勇气。该生面临初高中升学节点的时候，都是由父母做决定，没有得到自己做主的锻炼。成年后，该生的自主意识增强，想要掌握自己的人生，但是缺乏自主承担未来面临困难的勇气，所以会反复考虑，期望做出最好的决定。

三、案例处置

针对该生出现在考研、就业、考公的选择间犹豫不决的问题，了解具体情况后，辅导员结合自身的一些工作经验给予了她一些建议，具体是：

❶与父母进行面对面的沟通。父母的意见对学生会产生一定的影响，而当父母与学生的意见不一的时候，双方就应该抽出空闲时间好好聊一聊。学生不能完全依赖父母，应该有自己的思想，对自己负责；学生是独立个体，父母不能强制学生做什么而应该与学生充分交流意见。父母和学生都要充分表达自己的观点并给出详细理由，充分交流，共同探讨哪种选择才是最有利于学生未来发展的。

❷广泛了解社会现状。大学生身处学校，与社会接触较少，在完成学生的本职工作后要积极主动地去了解社会。只有了解社会，学生才能有较为清晰的自我定位。学生平时可以通过网络关注社会热点事件，多多与社会

接轨；可以趁课程较少或者寒暑假时投入兼职或实习活动中，切身体会，融入社会；可以与已经进入社会的老师、学长学姐或者亲戚朋友多沟通交流，请他们帮忙分析并给出有效建议。

❸反复锻炼，主动承担责任。大学生都已经成年，可以在生活和学习的方方面面锻炼自己独立决策和主动承担责任的能力。学生在面临选择的时候，可以参考他人的意见，但最终还是由自己做出选择，不能过度依赖他人。从小的决策到大的决策，学生要逐渐培养独立决策和主动承担后果的习惯，强化决策时的自信心。同时，要主动学习有关决策分析的方法并强化使用，以提升决策效果。

四、案例效果

经过一段时间与该生谈心谈话后，该生也明白了自己所处困境，同时实践了辅导员在谈话过程中为其解决问题和走出困境提出的一些建议，目前该生的状态已有所好转。

❶积极与父母沟通，达成了一致意见。该生在意识到缺乏与父母沟通交流的问题之后，积极与父母沟通，将自己的想法一一告诉了父母，该生父母也与该生交流自己的想法。在父母与孩子的互动交流过程中，双方都加深了对于对方的理解，并站在对该生有益的角度，就该生未来的发展方向达成了一致意见。

❷主动参与实践，逐步了解了社会现状。不同于以往，该生更加关注社会热点问题，更频繁地与同学、师长交流探讨社会事件。同时，该生平时也积极参加志愿活动，还在寒暑假积极参与社会工作或实习。在社会实践中，该生逐步了解了社会的基本面貌，明确了自己现阶段在社会大环境中的定位，通过权衡考虑，该生更加确定了未来的选择。

❸掌握主动权，开始主动承担责任。该生改变了自己想要依赖他人的心态，在各种事情上，开始积极锻炼自主抉择、自主承担的能力。通过不断地锻炼，该生有了更多主动承担的勇气，在做决策时也更加有信心，不再犹豫不决。

五、案例启示

❶学生要与父母积极沟通，处理好两者之间的关系。父母和学生的经历不同，阅历不同，看待问题的角度也不同。大学生也开始有了自我意识，更重视自己选择权，和父母的想法会产生冲突。在此情况下，父母和学生应该积极沟通，倾听和理解对方的想法，综合考虑，最终达成一致意见。

❷鼓励学生积极了解社会，并在了解的基础上做好现阶段的职业生涯规划。学生不明确未来发展方向的本质问题是对自己和社会的认识不够。学生在校学习结束后，最终都要进入社会，参加工作。因此，在校期间，大学生不仅要关注校园学习，而且要积极主动地接触社会。鼓励学生在一定的社会实践中探索自己、了解自己、认识社会。职业生涯规划不是想想就规划好的，而是在不断地与社会磨合的过程中，找到更适合自己的与社会和谐共处、共同成长的方式。所以，学生在做职业生涯规划之前，要多在实践中了解社会环境和个人特质，尽量达到两者的匹配。

❸调整心态，主动承担。鼓励学生锻炼自我决策能力，在做决定时，可以参考他人的意见，但是不能完全依赖他人，学会自主决定并主动承担责任。学生要学会调整心态，要知道一次选择会有一定的影响，但是不能决定终生，在人生的道路上要以豁达的心态面对世事无常。并且，人生没有完美的选择，不必羡慕他人，也不必懊恼或美化没有选择的路。

案例3-8

调整目标　缓解压力　超越自我

——面对考研压力怎么办

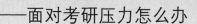

一、案例概述

　　小李，女，2001 年 3 月生。该学生平时喜欢听歌、看电影、到处旅游、爬山、积极参加志愿服务活动、看书。该生平时性格比较外向、直爽，比较洒脱，胆大心细。户籍在四川省眉山市仁寿县谢安乡，家中共有六口人，有她的爷爷奶奶、父母和一个上初中的弟弟，现全家都在成都居住或读书。

　　该生在面临专业分流时曾经产生过一些矛盾和犹豫，但经过和辅导员的电话谈话，辅导员向她分析了各个专业的区别与联系，并且提出了多方面的意见之后，该生成功找到了自己的方向，并且选到了自己心仪的专业。该生从大一开始就一直有考研的打算，很明确自己的人生规划，且该生认为自己基础一般，对数学比较有信心能学好，但对英语特别没有自信，需要提前开始准备考研。目前面临的主要问题是：进入大三年级后，该生开始选学校并且从英语和数学两方面着手准备考研，但却时常焦虑自己考不上，甚至有时会担心自己做出的选择是否真的正确，再加上自身专业课的任务加重，时常出现严重分心，导致眼下的专业课都没法很好地完成，所以她决定再次寻求辅导员的帮助。

二、案例分析

　　经交流后发现该生对考研的意向比较强烈，但是对自身学习能力抱有怀疑的态度。该生平时也主动去网上搜索了与考研有关的信息和资料，对考研有了初步了解，但目前对专业课的学习反而没有那么强烈的兴趣和意向，导致时间分配出现问题，还因为不自信产生一些心理上的焦虑。

综合以上信息发现，此案例是很多面临考研的同学普遍存在的问题。其本质是如何衡量专业课和考研复习的重要性与时间规划。在这个认识的基础上来详细分析这个案例。

❶学生专业课与考研复习的重要性衡量问题。该生认为自身的考研基础较为薄弱，需要提前准备考研，但是面对每学期的专业课考试并没有太重视，导致部分专业课掌握不够牢固，甚至面临挂科的风险。

❷时间分配问题。该生没有兴趣主动地学习和复习专业课，对专业课不够重视，也没有对专业课的学习进行前期科学合理的计划，没有系统地学习，仅仅利用一些碎片化时间来准备专业课的考试；相反地，在考研复习方面，该生制订了一系列的学习计划，一有闲暇时间就想要准备考研，比如记单词、学数学。该生在时间分配上本末倒置了。

❸心理焦虑的问题。该生认为自身的学习能力较弱，基础也比其他的同学差，对她能成功考上不太自信，并且认为她报考的专业太过于热门，总是和别人对比，认为自己很难与他人竞争，因此偶尔陷入了心理焦虑，严重时还会影响日常生活和学习的状态。

三、案例处置

针对该生出现的无法衡量考研与专业课，时间无法合理分配以及心理压力过大时感到焦虑的问题，辅导员结合自己的工作经验给予了她一些建议，具体是：

❶把握现在的同时放眼未来。首先做好当下的事情，对于自己的专业课不能忽视，学好自己的专业也可以为考研做准备。因为如果不选择跨考其他专业，大三专业课是研究生考试初试和复试中的重要内容，应该在保证完成大三专业课的基础上准备研究生招生考试。就算跨专业考研，若专业课挂科，也会加剧对自身学习能力的怀疑，信心不足，挂科严重的还会导致无法顺利毕业。

❷做事有条理，提前做好时间规划。在前一天晚上列出第二天需要做

的事情，再根据事件的重要程度和难易程度，学会取舍，科学合理地规划顺序与时间，在讲求效率的同时也要注意劳逸结合，不要给自己太大压力，学会循序渐进。并且要及时对当天或一周的学习计划进行总结，科学合理的计划才能帮助目标的实现。

❸给自己积极的心理暗示。不与他人比较，而是和过去的自己比较，对自己的学习能力更加自信一点，相信自己付出了努力就一定会得到回报，尽管回报的形式不确定，但至少能获得丰富的知识积累。考研是一个漫长的过程，只要做好规划，一步一步踏实地走，就一定会取得成功。

四、案例效果

经过一段时间与该生的谈心谈话，该生也明白了自己的问题所在，同时实践了辅导员在谈话过程中为其解决问题提出的一些建议，目前该生的状态有了明显的好转。

❶重视专业课，把握当下。在思考了专业课的重要性之后，该生衡量了专业课与考研的主次顺序，将自己的重心逐渐转移到当下专业课的学习上，在课堂上能够积极主动回答老师的问题，找到学科内容重点，专业课的成绩也有所进步。该生能够保证专业课的顺利进行，并且能够利用课余时间来规划和准备考研。

❷学习效率提高，完成学习任务速度快、质量更高。该生学会了如何科学合理地规划时间，通过长期目标和短期目标相结合的方式制订学习目标，以内生动力督促自己提升学习能力，做事情更加有条理，主次分明，时间的利用率增高，做事的质量也有所提高。

❸心理压力明显减小，更加自信。该生之前总是怀疑自身学习能力，具体的、可行的学习规划让该生更加踏实自信，清楚地知道每一个阶段需要落实的事情，积极暗示自己，也增加了在学习能力方面的自信心，不再像之前一般愁眉苦脸，能够积极完成预期的学习计划。

五、案例启示

❶正确衡量专业课学习与考研复习的主次顺序。专业课和考研并不是

相互对立，相互矛盾的关系，在学习专业课的同时，不仅打好了考研的基础，更培养了学习能力。专业课学习与考研复习紧密相连，二者相辅相成，学生不应产生"只重视考研，不重视专业课"的想法，而应该在学好专业课的前提下，有计划地准备考研的复习。

❷科学合理地计划和安排。计划要讲求主次，要有可行性，内容要具体，才能在实施的过程中做到有条不紊，从容应对，并且可以促进学习目标的实现，可以磨炼人的意志，也有助于养成良好的学习习惯，所以学生应该学会如何科学合理地安排学习或工作事项，提高效率，减少时间浪费，更好地完成学习和工作任务。

❸管理情绪，自信从容。当遇到问题时先调节好自己的情绪，不能冲动，冲动只会让事情变得更加复杂，并且要科学认识压力，变压力为动力，通过实际行动来缓解焦虑感，同时相信自己有解决问题和完成学习任务的能力。拥有一个良好的心态也是成功的开端。

第四部分

宿舍生活篇

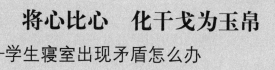

尊重理解 将心比心 化干戈为玉帛

——学生寝室出现矛盾怎么办

一、案例概述

王同学，女，2001年6月生。该学生平时喜欢唱歌、旅游、课余时间喜欢参加校内外的实践活动，会利用寒暑假寻找各种实习的机会，会想方设法锻炼自己能力。该生平时性格开朗活泼，善于与人交流沟通，与人交往过程中热情真诚，比较重感情。家在山东省高密市，家中三口人，该生是家里的独生女。

该生交际圈比较广泛，在课外的社团活动、社会实践活动中结识了许多朋友。同时有过担任班委的经历，和班上同学关系也很不错。室友之前是同专业同班的同学，由于分流的原因分到不同的班级，所以平时吃饭、上课都不在一起了。该生想在课外多和室友共同参与娱乐活动，比如一起出去吃火锅、唱歌、看电影等。久而久之，同室友的关系也越来越密切，会互相分享自己的秘密。但是有一天，该生的好朋友小A发了一条很反常的朋友圈，室友在下面回复了一些安慰的话，该生想安慰这个朋友，但是不知道发生了什么，所以去问室友发生了什么，室友欲言又止，觉得是朋友自己的事情，不可以告诉其他人。而该生认为，本来就是自己的朋友，他们只是认识而已，有什么事情是他们两个可以知道，而自己不能知道的呢？为此生气郁闷了很久。心里赌气决定以后什么事情都不告诉室友了，因此和室友间隔阂越来越大，导致了更大的矛盾，也影响了寝室和谐的氛围。

二、案例分析

经过交流发现，该生性格外向开朗，幽默风趣，擅长社交，社交范围广，喜欢结交拥有不同兴趣爱好的朋友，同时也是寝室中的"开心果"，给室友带来过很多欢乐。在与人交往的过程中会注意很多细节，因此，在两位好友有了"秘密"的时候会觉得自己被排挤在外，导致与室友产生了矛盾。

综合以上信息发现，此案例反映的是寝室相处过程中会发生的偶然性问题，本质是室友间个人想法不同，导致看待问题产生了偏差，最终导致了矛盾。在这个认识的基础上，再对案例进行详细分析。

❶室友之间如何互相理解的问题。每个人都会有不同的观念和想法，共处在一个屋檐下，难免会发生各种思想观念的碰撞。如何去理解室友的想法是一个需要解决的问题。

❷室友之间如何互相包容的问题。长期居住在同一间寝室的室友，可能由于生活习惯的不同，产生各种摩擦，这时候包容就显得尤为重要。

❸室友之间在产生矛盾时如何化解的问题。矛盾是一件具有两面性的事，及时地化解矛盾能够促进寝室间的关系，但倘若任其发展，就会导致两败俱伤、寝室氛围不佳的局面。所以产生矛盾不可怕，关键在于如何解决矛盾。

三、案例处置

针对该生和室友产生矛盾、影响寝室日常相处的情况，在了解具体情况之后，辅导员结合自身的工作经验给予她一些建议。具体是：

❶换位思考。让该生站在室友的角度上想想，如果是自己，会做出怎样的处理，从而理解矛盾产生的原因，缓解矛盾的发展，以便下一步解决矛盾，化干戈为玉帛。

❷君子和而不同，学会包容、尊重差异。在日常生活中，难免遇到无法理解、看法不一的事情，这个时候最好的解决方案就是在坚持自己看法的基础上，包容他人的观点，允许有不同的声音出现。宽容是对他人的理解，

是一种放得下的大度，是一种与人为善的观念。

❸ 提出解决矛盾具体方案的建议。与寝室其他同学谈话，表示这两位同学现在已经达成了共识，能够互相理解对方的想法，但缺少一个和好如初的契机。可以借助其他室友的力量，给双方和好如初的台阶，从而维护双方的自尊心。

❹ 与该生进行关于如何与朋友融洽相处的讨论。强调人与人交往的前提在于将心比心，不能把自己的想法强加在别人身上，自己的想法不一定就是对的。展开有关该话题的讨论，帮助建立正确的交友观，从思想上进行改变，避免以后出现类似的问题。

❺ 开展有关"我的寝室我的家"主题班会。带领同学们开展关于寝室趣事的分享会，营造温馨和谐的寝室氛围。同时提出一些可能产生的矛盾和解决措施，在矛盾产生之前进行干预，有助于帮助解决寝室相处中产生的种种矛盾，从而在大学生活中收获一段幸福、满足的寝室情谊。

四、案例效果

经过一段时间与该生的谈心谈话，该生也明白了自己的不足之处，同时结合辅导员在谈话过程中为其解决问题和走出困境提出的一些建议，目前该生与室友的关系已明显好转。

❶ 与室友重归于好，寝室氛围更加融洽。在其他室友的帮助下，该生与室友重归于好，二人敞开心扉进行交流，关系比之前更加和谐。与同寝室的其他室友关系也更进一步，寝室氛围和谐融洽。

❷ 对和室友相处的准则有了更清晰的认知。在沟通和交流后，该生反思之前遇到过的类似问题，并试图换位思考，包容他人不同的意见和想法，在今后的交友过程中会更加在乎他人的想法，尊重他人的个性和隐私。

❸ 心理压力减小，情绪逐渐好转。寝室氛围回归正常后，该生恢复到之前和室友友好的相处模式中，积极与室友交流遇到的困难和麻烦，在室友的帮助下解决了许多问题，收获了更宝贵的感情。

五、案例启示

❶引导学生树立正确的交友观。人与人的相处会产生或大或小的摩擦，尤其是同寝室的同学之间，每天生活在一起，会不可避免地产生一些矛盾。这个时候，将心比心、换位思考和包容就显得格外重要。无论是在与室友的日常相处中，还是在寝室外和朋友的交往过程中，都需要多考虑他人的想法和感受。同时，要亲密有度，意识到距离产生美。

❷从寝室建设入手，关注学生成长。定期开展"我的寝室我的家"系列主题班会，宣扬温馨的寝室有益于身心发展，引导学生主动参与到维护寝室关系、发展健康友谊的队伍中，树立主人翁意识，从心底将寝室视作大学生活中的"小家"，呼吁学生们积极建设文明寝室。

❸定期走访寝室，了解寝室情况。每月定期对寝室进行走访，了解寝室可能面对的难以解决的问题，主动为学生们解决并予以开导。日常生活中多与学生进行沟通交流，及时掌握寝室动向，有利于拉近与学生间的距离，营造和谐的师生关系。

将包容融入学生宿舍

——学生因为宿舍矛盾要求调换寝室怎么办

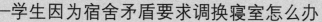

一、案例概述

大三女生小王，主动找到辅导员请求把自己得病的室友调换到其他寝室。原因是自己的室友小宋患有抑郁症，生活中太过敏感与脆弱，小王无法与她再继续相处交往下去。室友已经有过进医院的情况，小王害怕之后再把她气出问题影响她的生活并且自己可能还要承担相关责任。

小王的室友小宋半年前患上了抑郁症。在请假回家休息了几个月并经过各种治疗后，已有所好转。为了不影响后续学业，小宋返校并进行下一阶段的学习。但返校之后小王与小宋经常因为各种事情产生矛盾，这次让小王最接受不了的也是因为她们拌了几下嘴，小宋直接气到旧病复发再次进医院。小王觉得不能再这样下去，事情必须要有个解决。小宋也很委屈，返校以来，自己一直在积极地生活，想尽快融入正常的生活中，住进医院的事情也没有和小王计较，并且这次拌嘴明明是小王无理在前，小王恶人先告状。小宋也接受不了，自己也有继续生活的权利，凭什么自己要换出寝室，并觉得要换寝室也是小王搬。双方争执不下，都要求辅导员解决此事。

二、案例分析

经过交流发现，小王本人性格偏内向，性子比较直，平时说话做事易冲动，虽然往往事后会意识到自己的错误主动道歉，但常常还是会伤害到同学的心。而小宋虽然偏外向但性格偏敏感，常常会把很多小事放在心上，尤其是得抑郁症之后更加喜怒无常，身边人平时说话做事都尽可能地照顾她。她也很感谢大家，平时也尽力控制自己。但有时候被过于激怒疾病复发，她也很难受，控制不了。这两个人由于性格不合平常经常争吵，寝室其余同学也在尽力调解两人的一些矛盾，但这次争吵事情严重到小宋进医院，她们也无法处理。

综合以上信息发现，此案例反映的是大学生宿舍矛盾的普遍问题与如何与患有心理疾病的同学朝夕相处的特殊问题的结合，其本质就是包容与沟通问题。在这个认识的基础上，对此案例进行分析。

❶学生宿舍室友间性格不同如何协调的问题。两方当事同学性格有些方面存在冲突，一方说话做事易得罪他人，另一方又比较敏感，对一些人一些事比较放在心上，再加上疾病的不可控因素。双方急需建立相互理解、相互包容的相处模式，宿舍生活质量才能有所提高。

❷有效沟通的问题。两人可能平时生活及处理矛盾时沟通不到位，对细枝末节存有"底火"。导致互相不理解，多次爆发矛盾，如何引导学生真正解决问题、正确沟通成为第二个需要解决的问题。

❸与患有特殊疾病群体人员的相处问题。当前一部分大学生存在心理疾病，很多人掌握不好与之正确相处的方法导致矛盾的发生，引导小王及其周围更多人了解与小宋这一类人交往的注意事项也是很重要的方面。

三、案例处置

针对这两名同宿舍学生之间的矛盾，了解具体情况之后，辅导员结合自身的经历以及工作经验给予了她们一些建议，具体如下：

❶小王应提高自己的包容与理解能力。同在一个屋檐下应该相亲相爱，性格不合可以后期慢慢磨合。尤其是对于小宋这样的弱势群体，应该理解他们的痛苦，平时说话做事更应注意。还可以请求其他同学的帮助与监督。

❷小宋应主动与室友沟通。多与室友谈心，告诉室友们自己发病的表现、发病的诱因以及医生要求的注意事项等。提前给室友打好预防针，礼貌请求她们适当配合自己、对自己偶尔的奇怪行为不要放在心上，并说明自己

病情的真实情况帮助她们克服对自己的恐惧。

❸两人都努力改善自己的性格。小王平时少些冲动，小宋平时也少些敏感，促进建立相互包容的和谐相处模式，同时也有助于自己更全面地发展。

❹在班级开展心理辅导专项工作，成立专项小组，开展形式多样的教育活动。让大家正确地认识一些常见的大学生疾病，克服偏见，关注后续宿舍关系的发展并为其提供专门的咨询服务。

四、案例效果

经过一段时间与两人的谈心协调，她们两个人都明白了自己的不足。小王也更加地理解小宋，她们寝室也变成了远近闻名的模范寝室。

❶长久以来两人积怨的问题彻底解决。两人的矛盾减少，在之后的很长一段时间里都没有再发生争吵。两人相处愉快，很快成为很好的朋友，并虚心从对方身上学习。

❷寝室气氛更加融洽。因为小王与小宋的和解，原本压抑的气氛得到改变，寝室关系又回到了以前的美好，室友们经常一起聚餐一起出去玩还一起参加了美寝大赛等活动。寝室成为家，成为她们每个人内心的港湾。她们还加入了班级的专项小组，积极以自己的经验帮助调解其他寝室的矛盾。

❸性格有了进一步的完善。两人都充分认识到了自己的错误并积极地去改正。后期的回访中，小王表示自己在克制情绪方面有了很大的进步，说话做事没有以前那么冲动。小宋也表示说自己也没有以前那么敏感。她们相信自己之后能使性格更加完善，能更好地适应未来的社会生活。

❹病情得到好转。在全班同学和寝室室友的各种帮助下，小宋的病情得到好转，已经出院并且情绪更加稳定，心态也好了很多，已经可以慢慢停止药物治疗了。

五、案例启示

❶保持关注学生宿舍关系，有问题就早发现早解决。很多大的冲突往往是一些小的矛盾长期得不到解决造成的，从源头上找到问题的症结，对症

下药。同时对一些小的矛盾及时处理，有利于学生关系长期友好。

❷学生思想教育工作要有准备、有思路。在解决学生矛盾问题方面，辅导员在谈心之前要做足功课，如：谈话顺序、针对每个当事人的谈话思路、解决问题的重点、要达到的目的和效果、需要考虑和关注的后续问题等等，都要事先做好计划，防止问题处理不彻底，思想教育工作不到位等。

❸问题解决不求快速，要以学生为本。学生思想工作直接关系到学生心理的健康。遇到问题，不要把解决问题当作唯一目的，解决问题固然重要，但是造成问题的原因同样不可忽视。一时求快解决问题会为之后埋下隐患，查清源头弄明缘由方能对症下药、药到病除。

❹由点及面，着眼全局，及时预防。学生思想工作要着眼大局，从个体事件考虑整个群体。造成矛盾的原因具不具有普遍性，学生们对其是否有正确的认识，如何预防此类事件的再次出现，辅导员对此要有清晰的认识和适当的举措，避免同类事情再次发生。

消除侥幸心理　加强消防意识培养

——学生宿舍违章用电怎么办

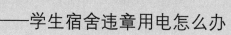

一、案例概述

　　王同学是一名大学生，性格开朗，平时喜欢运动，打球、跳舞是他的强项，兴趣广泛，与同学之间相处十分融洽，舍友之间关系良好。该生是独生子女，父母对他十分宠爱。

　　该生加入了学生会，平时刻苦认真、努力工作，并且他还加入了很多社团组织，经常会工作到半夜，因此经常感到身心疲惫。在一个寒冷的夜晚，该生开完例会疲惫地回到宿舍，身体的疲劳、精神的懒散顿时让他产生了用热水泡脚的想法，可是这么晚去哪里找热水呢？突然他想起了他的好室友小张有个热水棒，想到自己和小张的交情还不错，于是该生便找到了他的室友借热水棒烧开水。小张十分的热心，马上将热水棒借给了该生。另一位室友小李见状立刻出手制止，并告诉他现在宿舍不让使用违规电器了，宿舍是大学生在校生活的重要场所，可以说是一个"家"，违规电器很有可能造成寝室安全问题，并且被值班人员发现还会全校通报、记过处理。而该生却不以为然，认为学生宿舍这么多人使用违规电器，也没看见几个寝室出事。小李对此十分担心，寝室安全责任是大家的，可自己善意的劝解该生却听不进去。最后两人爆发了争执，寝室关系变得十分僵硬，另外一名室友将此事告诉了辅导员，希望得到辅导员的帮助。

二、案例分析

经过和该生的一番沟通后，了解到该生在校十分认真积极，对自己要求较高，经常学习或者工作到很晚才回到寝室，有时会感到身心疲惫，加之宿舍没有热水条件，所以才会产生危险用电的想法。

综合以上信息发现，此案例反映的是部分学生抱有侥幸心理危险用电的现象，其本质就是，如何加强学生安全用电意识。结合案例，详细分析如下：

❶学生用电安全意识薄弱的问题。该生对于发生的大量违规电器的安全事故了解较少，在使用违规电器方面也未听从辅导员、宿舍阿姨的教导，没有认识到违规电器所存在的重大安全隐患。

❷学生难以处理工作和学习之间的问题。该生参加了多个社团组织，在学习方面又对自己要求较高，在繁重的工作和学习之间难以协调好。

❸学生存在侥幸心理的问题。在面对室友的劝告时，该生却不以为然。"学生宿舍这么多人使用违规电器，也没看见几个寝室出事啊"，怀着这样的侥幸心理，该生使用违规电器，极有可能造成重大的寝室安全事故。

❹学生没有合理表达自己的诉求。在对宿舍条件及环境不满的情况下，没有通过正当的渠道合理地表达自己的诉求，而是依靠使用违规电器来解决。

三、案例处置

针对该生出现工作繁忙的情况及宿舍条件较差，了解具体情况之后，我结合自身的工作经验给予他一些建议：

❶作为一名在校大学生，要对自己及他人的生命财产安全负责，无论何种情况下都不能使用违规电器。

❷要学会正确协调工作和学习之间的关系，必须在保证身体和心理健康安全的前提下合理地安排工作、学习时间。要对经常需要熬到深夜的工作说不，当工作过多时可以及时与相关负责人沟通。

❸在对宿舍条件及环境不满的情况下可以通过正当的渠道合理地表达自己的诉求，宿舍没有热水条件，可以及时向学校反映，建设一个更加和谐安全的校园环境。

四、案例效果

经过与该生进行一段时间的谈话后，该生也明白了自己所处困境，同时采纳了辅导员在谈话过程中为其解决问题和困境提出的一些建议，目前该生的状态已有所好转，并认识到了自己的错误。

❶共同承担安全责任。宿舍是大学生在校生活的重要场所，可以说是一个"家"，违规使用电器很有可能造成重大寝室安全事故。该生在劝导下停止了使用违规电器，为大学生的宿舍安全贡献了一份力量。

❷拒绝侥幸心理。高校禁止大学生在宿舍使用违规电器是减少大学生安全突发事件的重要手段。该生之前存在侥幸心理，认为使用了违规电器后也不一定会被发现。现在该生已不存在这种想法，明白寝室安全必须靠大家的努力。

❸正规渠道，合理诉求。在对宿舍条件及环境不满的情况下，可以通过正当的渠道合理地表达自己的诉求，而不再依靠使用违规电器来解决。

五、案例启示

❶不能为一己私欲罔顾他人的安危，因为违规使用电器可能会引发火灾，尤其是大功率电器，所以安全才是第一的。为了学校安全，也为了自己的人身安全，学生应当反省自己，有则改之，无则加勉，随时提防，劝阻违规同学，争取共同创建文明安全的大学环境。

❷提高安全意识，拒绝使用违规电器。随着生活水平的不断提高，生活中用电的地方越来越多了。因此，我们也有必要掌握最基本的安全用电常识，了解哪些属于违规电器，并对违规电器说不。学校也应加强用电安全管理，加大宣传力度，不定期地开展一些用电情况调查及相关安全用电知识讲座、用电安全宣传活动，让更多的学生参与其中，提高大家的安全意识。

❸建立健全相关反馈机制，征集同学意见。对宿舍条件及环境不满的情况下可以通过正当的渠道合理地表达自己的诉求。宿舍没有热水条件，学生可以及时向学校反映。

案例4-4

学会理解包容　建设健康寝室氛围

——学生遇到寝室不和睦怎么办

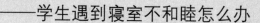

一、案例概述

刘同学，男，2001年10月生。该生来自新疆维吾尔自治区乌鲁木齐市，家境良好，喜欢安静，习惯早睡早起，但是睡眠比较浅，稍有点动静便无法正常睡眠，并爱胡思乱想，性格内向，自尊心强。

该生刚步入大学，不习惯住宿生活。宿舍其他同学喜欢打闹，作息不规律。熄灯后，宿舍其他人通常会看电影、打游戏或者学习直到凌晨才会休息，这些行为让该生非常气愤，觉得难以忍受。因为作息原因，该生与宿舍其他人的关系非常紧张。2020年元旦，临近期末考试，宿舍其他人往往会学习到凌晨1点，因学习时翻书产生噪声，影响到该生的睡眠，该生觉得无法忍受，便与一室友发生激烈的争吵。该生表示白天昏昏欲睡无法进行高效率的学习，加之临近期末考试，该生担心自己的成绩无法达到父母的期望，所以压力很大。一天凌晨，该生因一室友上洗手间动静太大，影响其睡眠，便直接与其产生语言冲突和肢体冲突。该生事后与辅导员进行谈话要求调换宿舍，在第一次与辅导员谈话后，该生觉得心情舒畅，愿意回到宿舍利用假期与室友缓和关系。但是在假期还未结束时，该生又一次找到辅导员希望进行第二次谈话。在这次谈话中，该生表示宿舍的矛盾不但没有得到很好的缓解，反而矛盾升级成了宿舍四人均想调换宿舍，并且此事已严重影响到该生的日常工作、学习、生活。所以他决定寻求辅导员的帮助。

二、案例分析

经过交流发现，该生父母都是教师，父母对其期望很高，希望他能够在大学好好学习。该生从小性格内向，不喜欢与陌生人沟通，同时之前也没有过住宿经历，进入大学后与室友相处比较困难。

综合以上信息发现，此案例反映的是寝室成员之间因为自私行为和沟通不畅导致的寝室矛盾问题，其本质是如何处理寝室成员之间的关系，加强成员之间的沟通。在这个认识的基础上，再对案例进行详细分析。

❶寝室成员沟通问题。该生从小性格内向，不喜欢和陌生人打交道，说明该生不能较快地适应一个新的环境，这使得该生与寝室其他成员沟通不畅。处理好寝室成员之间关系成为工作的一大难点。

❷该生的情绪不稳定问题。该生从小生活在安静的环境下，进入大学后接受不了嘈杂的环境，同时该生面临着学业和父母的压力，心情变得压抑，情绪不稳定。如何解决该生的心理情绪问题，成为第二个难点。

❸寝室文明问题。除了考虑该生的主观因素外，还应考虑该寝室文明的客观因素。该寝室作息不规律，是导致该生与寝室成员发生矛盾的一个重要原因，如何让寝室成员文明相处、互相理解成为第三个需要解决的问题。

三、案例处置

针对该生出现的情绪不稳定、宿舍关系紧张的情况，了解具体情况之后，辅导员结合自身的工作经验给予了他一些建议。具体是：

❶与寝室成员加强沟通，缓解宿舍关系。前面也提到了该生性格内向，不喜欢和陌生人交流，建议该生与寝室其他成员加强沟通，解开自己的心结，在双方的理解包容中原谅对方。

❷稳定心理情绪，学会适应环境。该生由于进入大学后生活环境发生了变化，在短时间内无法较快融入新的环境。建议其利用课余时间参加社团活动和集体活动，增强社交能力。

❸与寝室成员合理交流协商，制定寝室公约。因为该寝室其他成员作

息不规律导致该生情绪失控，所以需要以本次事件为契机制定合理的寝室公约，以形成良好的寝室环境，同时养成良好的生活习惯和作息规律。

❹学会理解包容。寝室矛盾与学习压力使该生心情压抑，无法合理调节情绪，从而影响该生的日常生活和工作学习。该生需要学会理解包容，认识自己的不足，采用正确的沟通方式解决矛盾问题，这也将促使该生更加自信、更加成熟稳重。

四、案例效果

经过一段与该生的谈心谈话，该生也明白了自己所处困境，同时采纳了辅导员在谈话过程中为该生解决问题和困境提出的一些建议，目前该生的状态已有所好转。

❶寝室关系得到缓和，寝室成员沟通融洽。在与寝室成员加强沟通后，该生与寝室其他成员的关系得到缓和，同时寝室成员之间进行换位思考明白彼此内心想法，在面对寝室问题时不再是我行我素，而是相互商量、互相包容。

❷情绪稳定，心态良好，学习态度积极向上。因为与寝室成员的关系得到了缓和，该生的学习压力减小，心情变得舒畅，效率得到提高。在期末备考的过程中，可以安心复习，提高自己的成绩。除此之外，该生在学习之余还拓宽了自己的朋友圈，主动结交新的朋友。

❸寝室成员作息规律，寝室环境得到改善。之前该生因为寝室作息不规律的原因与室友发生争吵，经过和寝室成员沟通后，室友认识到自己的问题，调整了自己的作息规律，寝室环境也因此得到改善。

五、案例启示

❶关注学生生活状态，妥善处理学生人际关系。学生在大学生活中除了学习外还需要处理复杂的人际关系。对于刚步入大学的新生，应协调帮助其面对来自学习工作生活的压力，通过沟通交流了解学生日常生活，解决学生矛盾，促进其健康成长。

❷做好寝室矛盾防范，加强正面教育。及时关注学生情绪，合理解决纠纷，防患于未然。制定寝室规范制度，引导学生相互理解、相互包容，共同营造良好的寝室环境，增强学生集体荣誉感。

❸积极鼓励学生，增强学生自信。"信心比天才重要"，有信心地面对学习、生活和工作，就可以做到事半功倍、得心应手。积极鼓励学生参加集体活动，增强处理问题的信心，在潜移默化中激发学生的上进心。

案例4-5

纵有千千结 解法千千万
——作息不同引发激烈对抗怎么办

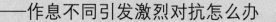

一、案例概述

　　杨同学，女，2002年12月生。该学生家在学校附近，平常有周末回家的习惯。该学生平时喜欢运动、参加志愿服务活动、周末也会约着朋友一起出去玩耍放松。平时喜动不喜静，性格温柔，逻辑思维缜密，待人热情懂礼貌。

　　该生进入大学后，分到女生四人寝，刚开始和室友相处得很融洽。随着时间推移，该生的生活习惯和个别室友开始产生冲突。一天，该生凌晨时在寝室打电话，一名已经入睡的室友被该生的电话声吵醒。这名室友不耐烦地责骂了该生几句就又躺下睡觉了。一开始，该生并未放在心上。没过几天，该生在社交平台上发现这名室友在没有和自己私下协商解决问题的情况下发布了攻击性语言。该生当即找到这名室友，询问为什么要在网上发布攻击性语言，并要求道歉。矛盾没有解决，两人不欢而散。后来该生又一次在阳台上关着门打电话，仍然吵到了那名室友，于是矛盾激化。室友开始通过录音记下该生打电话的过程，然后在社交平台上发布更加激烈的攻击性言论，比如"我真的好想打她""我真的想起来和你打一架"，并试图通过网络为自己讨回公道。该生知道后，为了维护自己的权益以及更好地保护好自己，也通过录音记录下室友的过激语言，并通过社交平台从自己的角度对这件事作出了回应，希望室友能够线下共同解决问题，但线下又变成了双方的争吵。该生意识到与室友闹矛盾的严重性，但是她不知道如何与室友解决问题，所以她决定寻求辅导员的帮助。

二、案例分析

在分别与两名学生交流后了解到，该生有一位异地男朋友，打电话沟通是他们的习惯。该生性格比较直爽，不喜欢把心里的事情藏起来。与其相反的是，该生的室友是外地学生，比较宅，不太愿意与不熟悉的人沟通。

综合以上信息可以发现，案例反映了比较具有代表性的寝室矛盾，主要是由于两名同学性格、交流方式上的差异产生了矛盾与冲突，并且未及时得到调解而引发了这场寝室风波。在这个认识的基础上，再对案例进行详细分析。

❶不同生活作息协调问题。该生生活作息不具规律性，每天上床睡觉的时间也不固定。因为与异地男朋友见面的时间比较少，所以他们和大多数异地情侣一样，每天至少通一次电话。而该室友属于自律型的学生，对自己每天要做的事情都有具体的安排。如何协调差异性的生活作息应该是两人寝室生活需要解决的首要问题。

❷室友有效沟通交流问题。该生善于也乐于与人交谈，有情绪她会及时找到朋友倾诉发泄。该室友则是刚到陌生的城市，并没有能够交心、倾诉负面情绪的知心好友。于是选择了在网上与好友倾诉或是在社交平台上释放，让自己的可见好友一起声讨她口中的"恶人"。矛盾主体无效的沟通方式加剧了两人的矛盾，这是亟待解决的第二点。

❸解决矛盾方法选择问题。两人分别采取了不同的解决办法，一个选择在社交平台上发布攻击性言论，激怒对方，一个选择线下对峙，最终变成了不欢而散的吵骂。找到一个合适的解决办法是第三件需要做的事情。

三、案例处置

针对该生出现的生活作息与室友冲突、沟通协调不恰当、解决矛盾办法单一，我结合自身的工作经验给予她一些建议。具体是：

❶寝室统一规定，大家一致遵守。全寝室一起沟通，提出一些合理的

建议，制定一个大家都必须遵守的寝室公约，而并不是只针对某一个人。比如每天晚上十一点准时熄灯，有矛盾要好好沟通，等等。

❷思考要换位，沟通有技巧。很多矛盾冲突都是因为大家只是站在自己的角度去思考利弊，只考虑到了对自己的影响，而没有思考对方这样做的原因。因此，该生可以试着从室友的角度去想想，自己的行为可能真的打扰到了室友。与室友线下沟通时不要质问，而是询问。比如询问自己的行为是否对她造成了影响，让室友更容易接受并与之沟通交流；或者在每次可能会打扰到室友时，提前询问是否会对她造成影响。目的是让室友知道该生并非有意打扰，且是带着解决问题的心态和她交流而不是质问她。

❸灵活选择解决办法，间接解决问题。多次沟通无效后，该生不应再一味地想着和室友面对面沟通，而是可以采取间接解决矛盾的方法。比如，为了有效地解决问题，可以选择寻求其他室友的帮助，向与其关系较好的室友讲述自己的想法并请求她帮忙传达。

四、案例效果

经过和该生一起交流，并详细分析了该生的寝室矛盾后，对其进行了一番劝诫，提出一些具体的措施。在该生的积极配合下，寝室矛盾得到了有效缓解。

❶寝室作息逐渐规律化，在差异中找到平衡点。在该生的建议下，大家一致决定制定出合理的寝室公约，且大家都要遵守。大家的生活作息在固定时间段里基本不冲突。

❷沟通方式合理，矛盾根源基本解决。该生反馈，在尝试关心询问后，该生室友态度也开始转变。两人将问题缘由解释清楚后，相互表示了歉意。

❸室友关系缓和，开始互相理解。该生从这次矛盾中真正学会了换位思考。在和谐的寝室环境下，她愿意站在别人的角度去看待问题，并尝试着去理解他人。也正是这样，在之后的几次寝室摩擦中，她都能及时化解误会。

五、案例启示

❶正确协调个人生活和寝室生活的界限。住在一个寝室里，四个人就

是一个统一体，要在存异中求同。如果一个寝室在最基本的生活作息方面很难达到一致，就应该给大家都制定一个统一的灵活标准，在标准内自行协调个人作息。这是解决大学生寝室矛盾的关键一环。

❷换个角度看问题，产生情感共鸣。心理学认为共情力来源于换位思考，共情意味着我们能够感受他人内心世界，能够与他人建立亲密的连接，是我们彼此交换了思维的结果。

❸沟通要有效，方法很重要。沟通需要讲究技巧，要根据学生的不同性格灵活采取不同的沟通方式，比如：与性格急躁的同学沟通，就不要急于正面沟通，先转移矛盾，再协商问题，更有利于性格急躁的学生接受。

案例4-6

遵规守纪　争做文明大学生

——学生违反校规校纪怎么办

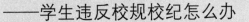

一、案例概述

　　小李，男，2000年9月生。该生平时为人仗义，性格直爽，不拘小节，喜欢打篮球，积极参加社团活动，乐于尝试新事物结交新朋友。

　　小李同学家庭条件比较好，喜欢小动物，生活上没有很多压力；同寝室的小江同学来自小城市，家庭条件比较艰苦，日常生活的消费也很低，比较内向，平时很少和舍友们一起去消费、玩耍，经常一个人行动，默默学习，和舍友交流很少，最后遭受舍友们的冷落，与舍友的关系一般。某天小李同学突然带回寝室一只猫，虽然知道违规，但还是想给大家一个惊喜，可谁知惊喜没有，却带来了惊吓。小江同学由于个人比较讨厌小动物，而且在宿舍养猫也是违规行为，被发现后全寝室都要接受惩罚，顿时很生气，再加上平日里被舍友冷落，心中积攒了很多不适，与小李同学发生争执。小江同学认为寝室其他三个人有什么事都不和他商量就直接决定，忽视了他，而且他比较讨厌小动物，在宿舍养小动物又是违规行为，所以他很生气。小李同学没有和舍友商量就带猫进入宿舍，虽然想以此增进舍友之间的感情，但是处理方式不对。双方产生了争执，寝室关系一度僵化，难以缓和，小李便向辅导员寻求帮助。

二、案例分析

经过交流发现，小李同学家庭条件优渥，没有生活压力。该生个性较强，很少为他人考虑，对于学习没有投入很多精力，且经常有旷课行为，但该生担任班干部，加入社团，积极学习新知识和技能，结交新朋友，社交能力强。

综上所述，此案例反映大学生中部分学生刚离开父母的保护，进入大学，独自一人面对生活时，缺乏独自处理事务的经验和能力，遵守规定的意识薄弱。在此基础上，再对案例进行详细分析。

❶学生遵守规章制度的意识薄弱。该生性格活泼，喜欢玩耍，对规章制度的惩罚存在侥幸躲避心理，所以会私自带猫进入宿舍，违反校规校纪。存在侥幸心理是学生出现违规行为的主要原因。如何让学生摒弃侥幸心理是一重大问题。

❷与他人沟通能力的欠缺。在与小江同学的沟通中，小李同学没有说明自己的本意，仅仅是与舍友争吵，也没有积极聆听舍友生气的原因，找出问题所在。该情况存在于很多大学生之间，学生之间没有积极地沟通，导致问题升级，矛盾扩大，出现争执。如何与他人沟通是第二个需要解决的问题。

❸为人处世能力弱，缺乏为他人考虑的能力。小李同学决定将违禁物带入寝室时，并没有考虑到其他人对此事的看法。在公共空间中，如何把握自己的行为合适与否是第三个需要解决的问题。

三、案例处置

对于该生在生活中出现的种种错误行为，进行一段时间的沟通了解后，辅导员结合自身的一些学习和生活经验，给予他一些建议，具体如下：

❶积极了解学习学校规章制度，阅读相关手册。该生做出违规行为，是由于对学校相关规定的认识不够深刻，不清楚自己的行为会给自己及他人带来什么后果，建议其认真学习了解《学生手册》，认识到惩罚带来的影响，

从而避免以后出现同样的行为。

❷积极交流，学会倾听，提高沟通能力。该生虽然积极参加社团活动，积极结交朋友，但是由于缺乏沟通技巧，与舍友产生矛盾，导致和舍友的关系僵化。建议该生学会聆听别人的讲话，大度待人，出现问题应首先从自身找原因，这样才能和别人更好地交流，从而建立融洽的关系。

❸学会换位思考，处理事务应多方面考虑。该事件主要原因是该生以自我为中心考虑事情。该生需要去调整自己处理事情的方式，身处大学校园，做任何事情都不能只考虑自己，应先考虑别人对自己的行为会有什么反应，思考自己的行为会给别人带来什么样的影响，综合考虑后再决定自己的行为是否合适。

❹提高人际交往能力，学会独立处理事务。该生与舍友的关系一直僵化不解，导致宿舍关系不和谐，从而影响了自己的生活。该生需要明白交往是平等的，不能觉得自己高高在上，应学会换位思考，学会共情，豁达大度，懂得忍让包容。从生活中的种种事务中吸取经验，从而提高自己的为人处世能力。

四、案例效果

经过和该生一段时间的沟通和指导，该生也逐渐认识到自己的问题，并做了反思总结，认真学习理解了辅导员给出的一些建议，并在生活中不断改善，渐渐能够处理好身边的事务。

❶规矩意识增强，积极遵守校规。在经过对学校的规章制度的学习后，该生了解到了更多的校规校纪，并清晰地认识到了自己的行为会给自己带来怎样的严重后果。规矩意识有所增强，并在老师的帮助下，积极改正自己行为，能够做到遵守校规校纪。

❷学会倾听，沟通能力增强。该生经过一段时间的学习和思考，学会了如何与人交往，懂得如何与他人沟通。在交流中，学会理解和尊重对方，倾听他人说话，控制情绪，积极思考沟通的信息，明确对方表达的重点，并做出合理的反馈，合理利用沟通技巧，使对方能够明白自己想表达的内容。经过一段时间的学习和实践，该生的沟通能力有较大的提升。

❸个人处理事务能力增强，学会全面思考。该生之前由于能力较差，缺少解决问题的能力，导致自己生活中出现了种种不适。经过一段时间的学习和思考后，该生明白了换位思考的重要性，并学会从全局的角度去处理事务，而不仅仅是以个人为中心看待事物，个人能力有较大的提升，能够自己去面对事情，并妥善处理，不再情绪化，学会理智分析问题，合理处理身边事务。

五、案例启示

❶正确认识校规校纪，学会承担行为后果。在学生进入大学生活之前，其都在父母和老师的保护下，任性而为。到了大学，没有了父母的保护，学生不能再任性而为。无规矩不成方圆，校规校纪是学校对一名学生最基本的要求，只有遵守校规校纪，我们才是一名合格的大学生。学生不仅要在行为上做到，更要在思想上同步，学会承担自己行为的后果，做一个有责任心、遵守规矩的优秀大学生。

❷认识沟通的重要性，学会沟通。进入大学生活，我们每个人都是独立的个体，沟通作为人与人之间交往的重要方式，是我们每个人必须掌握的能力。学生应懂得控制情绪，合理利用技巧，使自己在和别人的沟通中能了解对方想表达的内容，并做出合理反馈，让自己能够很好地和每个人沟通，从而合理解决问题，发展良好关系。

❸直面问题，积累经验。能力是在不断的实践中提升的，特别是人际交往能力，需要学生在不断地与他人的交往过程中总结经验，提升自己的能力。人际交往中，矛盾在所难免。作为大学生应不怕犯错，直面问题，从一件件事务的处理中汲取教训，从反思中提升技巧、情商，从而在以后的事务中，从容面对，妥善处理人际关系，使自己为人处世能力得到更好的锻炼。

案例4-7

有话不妨"直"说

——学生作息影响室友怎么办

一、案例概述

小向，女，1999年6月生。该生家在四川省宣汉县的一个小镇，家里有三口人，平时喜欢看书，刷视频。该生平时性格比较内向，乐于助人，做事细心谨慎，喜欢结交朋友。该生从未住过校，睡眠浅，容易被惊醒和打扰。

大学开学时，该生被分到了一个八人寝室。在大一学年，室友关系和睦，寝室氛围其乐融融。在大二学年，该生的室友A患上了重度抑郁症并且室友A白天不去上课，整天在寝室睡觉，凌晨打电话、开麦玩游戏、吃泡面，严重影响了该生和其他室友的休息。该生和其他室友私下提出了解决这件事情的方式，因室友A有重度抑郁症而不了了之。有一天晚上，该生的另一位室友忍无可忍，终于开口向室友A说了这件事情并建议室友A调整一下自己的作息时间。室友A在那几天晚上安静了，可是好景不长，没过几天，室友A依旧凌晨打电话，玩游戏。尽管如此，该生和其他室友没有对室友A撕破脸，寝室也依旧风平浪静。面对室友A的作息情况，她晚上得不到充足的睡眠，每次睡觉前也养成了看手机的习惯，白天上课打瞌睡、不能集中注意力听课，学习成绩下滑严重，忧心忡忡，心理也越来越焦虑。她意识到了事情的严重性，但是她不知道怎么才能让室友A晚上安静，无奈之下，她决定寻求辅导员的帮助。

二、案例分析

经过交流发现，该生以往作息规律，晚上十一点睡觉，早上七点起床，保持充足的睡眠。面对室友 A 的这种作息情况，该生不能早早入睡，又因为室友 A 患有重度抑郁症不敢向该室友提出建议，心理产生焦虑，学习成绩急剧下滑，心理负担加大。

综合以上信息发现，此案例反映的是学生宿舍的普遍性问题，其本质就是如何处理学生宿舍的作息不统一问题。在这个认识的基础上，再对案例进行详细分析。

❶个人作息问题。大学开学，该生被安排到八人间寝室，说明该生需要面临室友作息不统一的问题，这使得该生以往的作息受到严重的影响。并且该生在睡觉前养成玩手机的习惯，个人作息习惯是影响休息的一大难题。

❷对待室友宿舍作息的处理方式问题。该生在面临室友 A 的作息问题时，因为性格内向，加上室友 A 的病情，不敢和室友 A 谈论这一问题。如何就室友的宿舍作息影响其个人作息这一问题进行沟通成了需要解决的第二个问题。

❸学生的心态和心理问题。在室友作息不统一的情况下，该生无形之中给自己增添了心理负担，影响了日常的学习和生活，也逐渐变得越来越焦虑。如何调整心态、心理是第三个亟待解决的问题。

三、案例处置

针对该生出现的室友影响休息而引起的上课注意力不集中、心理焦虑问题，了解具体情况之后，辅导员结合自身的工作经验给予了她一些建议。具体是：

❶改掉不良习惯，调节好个人作息。该生养成了睡前玩手机的习惯，手机所放射出来的短波蓝光对人体视网膜刺激最为强烈，使得难以入睡。所以，该生应该在睡前半小时，放下手机，做好睡前准备，从而恢复以往规律的作息。

❷采取恰当方式，与室友积极协商。因为室友患有重度抑郁症，该生

可以在室友 A 心情愉悦时，单独和室友协商这件事，语气温和委婉，并且跟室友说明自己学业负担重这一原因，需要获得充足的睡眠来保障白天的学习状况。另外，该生可以给室友 A 提供改善作息的好方法，让室友 A 也慢慢改变不良的作息习惯。

❸学会自我调节，排解压力和不良情绪。因为室友的作息影响睡眠，一直未能解决，且学习成绩下滑，该生给自己添上心理负担。该生需要及时调整心态，转移注意力，释放自己的心理压力，全身心地投入白天的学习生活中。

四、案例效果

经过一段与该生的谈心谈话，该生也明白了自己所处困境，听取辅导员在谈话过程中为其解决问题和困境提出的一些建议，目前该生的状态已有所好转。

❶不良习惯改善，个人作息恢复正常。对该生提出睡前半小时不玩手机、做好睡前准备这一建议，该生也认识到自己的不良习惯，积极改正，个人作息也逐渐恢复正常。

❷寝室作息问题得到解决，学习积极性提高。因为找到了正确的协商方式，该生与室友协商之后，室友听取建议调整个人不良作息，并对自己影响室友休息一事致歉，该生寝室真正恢复了从前的风平浪静。此外，该生上课不再打瞌睡，注意力得到集中，自己也花时间把之前分心没有掌握好的知识重新巩固，学习积极性不断提高。

❸心态得到调整，心理压力得到释放。之前该生苦恼于室友作息影响其休息问题一直未得到解决和成绩下滑而产生心理压力，经过一段时间的调节后，该生休息恢复正常，学业取得进步，心态逐渐调整，将心理压力释放了出来，不再像之前那样忧心忡忡。

五、案例启示

❶真诚沟通，分析情况。辅导员在面对学生时，需要有真诚的态度，

更要有温度，切忌随意下判断，盲目行动，找到问题的根源再加以处理，站在学生的角度想问题，在交流中帮助学生理解并解答问题，从而帮助学生成长。

❷防微杜渐，培养学生积极处事心态，发生矛盾分歧时不回避沟通。辅导员要有防患于未然的意识，要走进学生宿舍，深入到学生的生活中去，了解学生在宿舍的学习生活状况，及时发现问题，同时培养学生换位思考的能力和积极应对的心态，让学生多考虑他人的感受，求大同存小异，从而避免宿舍作息不统一带来的寝室矛盾。

第五部分

突发事件篇

案例5-1

求助是强者的行为
——学生遭遇心理危机怎么办

一、案例概述

郭同学，女，2000年12月生。平时喜欢打乒乓球、追星、收纳、做手工。性格偏外向但是比较享受独处时光，上大学前一直在外地上学，在大学的交友圈较小，甚至一度沉浸于追星的网络虚拟世界。

该生在大二时除了与寝室的同学外很少与班级同学交流，与周围环境割裂。在一次独自外出参加粉丝线下活动后，晚上八点返校途中，她在公交车上遭遇了猥亵，最开始她表现得比较懦弱，不敢说话，只敢用眼神警告对方，无果。看到对方作恶后准备下车，她情绪爆发，忍无可忍地当着全车乘客的面指控了他，伴随而来的是情绪失控。所幸车上同车的几位校友以及司机、市民都对她伸出了援手，协助报警并陪同前往派出所做笔录。但是当时车上的拥挤使得监控录像难以作证，加上被指控者的否认，让她感到绝望与灰心，甚至是害怕。做完笔录回校后再次情绪失控，当天的经历在她心里留下了深刻的心理阴影，导致她失眠、情绪低落，并反复出现情绪失控的迹象，于是她决定寻求辅导员的帮助。

二、案例分析

经过交流发现，该生平时在外少言少语，生活日常比较单一，遇事犹豫不太果决，且事件发生时周围没有有力的证据可以证明其指控属实，因此当时产生了无助与失落的情绪，陌生的环境也让她感到孤独无依。

综合以上信息发现，此案例反映的是学生遇到突发事件引起心理阴影的普遍性问题，其本质就是学生本人阅历不足以支撑其在突发事件后自我调节。在这个认识的基础上，再对案例进行详细分析。

❶沟通交流问题。该生遇事习惯自行解决和找同龄朋友倾诉，缺乏向家长老师和专业人士寻求帮助的意识，自己和同龄人的阅历不足加上对专业方面不了解，使得该生的问题难以得到解决甚至会使问题更加棘手。

❷自我调节问题。该生使用了错误的自我调节方式，选择逃避问题，把对事件的恐惧与害怕藏在心里，害怕生活中接触到的男性同学，没能及时面对问题并解决问题的根源。

❸精神状态问题。该生在事后脑中不断触发重演事发当日的情景，加深痛苦的记忆，不断进行自我伤害，对来慰问的朋友的话十分敏感并错误解读从而对自己造成二次伤害。

三、案例处置

该生此番遭遇后出现心理问题，了解具体情况后，辅导员结合自身的工作经验给予了她一些建议，具体是：

❶寻求学校心理咨询室专业老师的帮助。在征得该生同意后，立即联系专业助理陪同她前往校内的心理咨询中心，助理提前预约了心理咨询师，全程陪同。在这件事中，心理咨询师更有能力运用专业知识帮助她走出困境。

❷多跟家人沟通。同学和朋友更多的都是同龄人和外人，家人是受伤时最值得信任的存在。尤其是女孩子在遇到这样的事后更加需要和妈妈好好沟通，获得妈妈的安抚与支持。

❸转移注意力，更多专注学习。因为这件事已经造成了恶劣的影响，留下了心理阴影，再去想只会被困在里面更加走不出来，所以要转移注意力，把有限的精力投入别的更有意义的事上，才能够尽快摆脱坏事的影响，尽可能减少受到的伤害。

❹给自己积极的心理暗示。针对该生提及的对周围其他男同学有了恐

惧与疏远的现象，是缺乏安全感的体现，从而影响与同学的正常相处和正常上课生活。该生需要及时调整自己的心理状态，主动地寻求心理疏解和帮助，给自己积极的心理暗示，树立积极阳光的心态，放下多余的防备心与应激性恐惧，重新回归正常的生活与学习。

四、案例效果

经过心理咨询师的帮助和辅导员的谈话，该生也逐渐平静了下来，同时听取了在谈话过程中为其解决问题和走出困境提出的一些建议，目前该生的状况已有所好转。

❶逐渐忘记突发事件，回归正常生活。不再将自己的思维困在坏事里面，又回到了以前开朗乐观的状态，同时也不避讳和异性同学正常相处了。

❷学习积极性提高。用学习来转移注意力起了很好的效果，该生学习状态渐佳，学习积极性也提高了，也不像以前一样得过且过对学习漠不关心了，以前落下的学习进度也都努力补上了，学习逐渐使她感到充实和有成就感，又重新找到了积极向上的感觉。

❸心理压力减小，不再过于纠结事件的处理结果来折磨自己。该生把目光放在提高自己和丰富自己上，压力逐渐化解了。经过一段时间的调节，该生逐渐调整好了自己的状态，还在后来担任了班委，更加深入地融入了班集体。

五、案例启示

❶心理问题需要及时寻求专业心理咨询师的帮助。心理问题如果不及时处理解决，很容易郁结在心，久而久之变得更加严重。学生们平时都和同龄人相处，遇事一般也喜欢与同龄人分享并寻求解决办法。但是同龄人阅历有限，也不具备专业性，能给的建议和解决办法是少之又少的，所以遇事还是倡导学生寻求老师和专业人士的帮助，获得更加具有建设性的意见和建议。

❷要给予学生足够的安全感，关注学生情绪健康。学生获得了足够的安全感才会更愿意敞开心扉去进行沟通，更方便老师了解学生的真实情况，更加有针对性地提出解决办法。

案例5-2

严以律己　宽以待人
——学生因小事被网暴怎么办

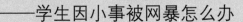

一、案例概述

2021年10月的四食堂里，大四的小张（女），正在准备考研，因着急去图书馆匆匆而行，不小心撞到了刚得知挂科消息的小李（男），导致小李身上沾了饭，小张匆忙地道歉，并递给小李两张纸巾，随之离开。小张的态度引发小李的不满，他立即追上去，拉住小张胳膊。要求小张将自己衣服处理干净。小张随便用手拍了下，并要求小李道歉，说是小李用力过大拉疼了她的胳膊，随后两位同学发生口角。食堂众人看见，进行劝阻，最后两位同学愤愤离去。晚上，小张将这件事发在了贴吧上，帖子内容稍有倾向自己。3个小时后，小张看见下方指责小李的评论，觉得心情舒畅，因考研的压力，便把这件小事束之高阁。10个小时后，小李无意中看见，在帖子下方发布辱骂性质的评论且要求删帖。但小张并未注意。最后小李通过一系列方式终于在两天后找到了小张，小张在教室被小李带出，小李愤怒地要求删除帖子，并向自己发布道歉声明。小张很不服气，拒绝删除。双方僵持不下且在帖子下争吵。两天后，帖子被大量转载、评论，小李不知道如何面对，所以他决定寻求辅导员的帮助。

二、案例分析

通过案例可以发现，两个学生最近的压力很大：小张平时成绩一般，大四又着急考研，小李也因为挂科被父母教训而心情不畅。在这种情况下，两人就如火药桶一样，极容易被点燃。但通过对两人身边同学的走访调查得知两人性格都很温和，拥有较好的人际关系。

综合以上信息可以看出，这是学生之间的普遍性问题。即一时冲动导致不良后果。在这个认识的基础上，再对案例进行详细分析。

❶网络谣言。这件事在网络上经过发酵已经对小李的生活造成了一定影响。怎样解决两人之间的问题，安抚小李，使其回归正常学习生活成为第一个问题。

❷学习问题，两人矛盾爆发的根本原因是学习导致的心理压力。小张是因为考研的迷茫，小李是因为挂科被父母教训的急躁。两人即使没有这件事，也可能因为其他事件导致不良后果。怎样缓解两人的心理压力成为重中之重。

❸网络监管问题。在这件事情上，学校贴吧管理员在事情发酵之后才给予重视，处理过程速度过慢，当然网络信息每天的大量涌入，贴吧管理员工作繁忙。那么怎样平衡两者成为未来需要解决的事项。

三、案例处置

针对两位同学出现的矛盾，即网络谣言的解决。了解具体情况之后，辅导员结合自身的工作经验给予她一些建议，具体是：

❶让两生互相道歉，互相说明原因。从前面可以看出两位同学在争吵的过程中均认为自己是正确的，但是站在旁观者的角度看，两位同学在争吵中均失去了理智，让两位同学相互道歉，也是为了让他们冷静下来，思索这件小事对自己的影响以及对他人的影响。这也能更好地缓解两人之间的矛盾。

❷联系学校贴吧管理员，删除帖子，并发布事情的后续处理。两位同学争吵的直接原因就是网络谣言，删除帖子有利于解决两人之间的问题。安抚小李，使其回归正常学习生活。发布事情的后续处理也会很大程度消除网络谣言的影响。

❸学习靠自己。两位同学这件冲突爆发的根本原因是学习压力。即使

没有这件事，在如此大的压力情况下，两位学生也可能因为其他事件导致不良后果。所以学习要靠自己，当两位同学取得一定成果时，身上的压力就会大幅减轻。比如小李自己努力后成功通过补考，小张通过自己刻苦学习考研更有把握。

❹缓解好自己的压力。不能让自己的压力爆发在他人身上，不迁怒。有压力时，两人需要及时调整自己的心理状态，适当地进行压力疏解和心理暗示，塑造积极阳光的心态。

❺网络监管要严格。网络上的争端很容易引起发酵，继而脱离当事人的掌握，所以学校贴吧也要严格筛选内容。

四、案例效果

经过与两位学生的谈心谈话后，他们两位也明白了自己所处困境，同时听取了辅导员在谈话过程中为其解决问题和困境提出的一些建议，目前两位同学的状态已有所好转。

❶心理压力减少。两位同学的矛盾爆发根本原因是学习压力，他们没有处理好自己考研或者是挂科的压力，尤其是来自家人方面的压力。经过和他们的谈话，两位同学已经明白了学习压力的减轻方式最根本的还是要靠自己的努力。两位同学也不再像以前那样郁闷、心情烦躁，而能够积极参与同学讨论，完成课业。

❷生活学习回归正常。两位同学矛盾爆发的直接原因就是网络谣言，已经严重影响到两位同学的日常生活。通过删除帖子，发布后续处理，网络谣言消失。一段时间后，两生回归正常的学习生活。

❸学习积极性提高，学习目标明确。因为这件事情，两位同学意识到了学习的重要性，在学习方面的积极性提高，学习成绩也有所进步，在课堂上能够积极主动回答老师的问题，找到了学科内容学习的重点。除此之外，他们还主动了解所学专业知识，拓宽对专业的认识，同时通过长期目标和短期目标相结合的方式制订学习计划，以内生动力督促自己提升知识技能水平。

五、案例启示

❶正确舒缓自己的压力，使压力变成动力。压力是日常生活中不可分割的一部分。积极的应对方式可以使压力变成自身前进的动力；反之，被动地承受，在压力中迷失前进的方向只会使自身越发消沉。所以日常生活中遇到压力不要退缩，要积极地想办法。当然，遇到无法解决的压力也要积极地寻求他人的帮助。

❷关注学生的情绪，问题分层次解决。在这件事中，两位同学一开始情绪特别激动，所以我们首先应该安抚学生的情绪，解决网络谣言。一定要在此之后，关注这次冲突产生的根本原因。

❸看问题不能只看表面，要看清根系。这次冲突中，我们不能只解决网络谣言的问题，而看不清两位同学的学习压力问题。据说两位同学性格温和，这次却因为生活中一点小冲突就引发大问题，辅导员应向深处挖掘，解决问题，让学生拥有一个健康的心态去面对学习与生活。

❹帮助学生树立理想。学生有了理想，前进的动力才会足。理想是腾飞的翅膀，一名有理想的学生，他的生活一定是充实的。因为充实，所以才宽容平和。一名有理想的学生，他们面对压力时，才会更清楚自己今后的方向，化压力为动力。

案例5-3

抵制诱惑　脚踏实地
——面对学生误入歧途怎么办

一、案例概述

　　梁同学，女。家庭经济条件比较困难、内向、很有上进心又有点固执。

　　此前她在校做过勤工俭学的工作，希望能赚钱补贴生活费，但她认为在学校勤工俭学并没有挣到钱，相反她认为传销组织不仅可以挣到钱还可以锻炼能力。因此在完全不了解传销组织的情况下她无故缺课，去校外的传销组织听培训课。梁同学去校外听培训课的几天时间，不仅牺牲了自己的学习时间，还晚归寝室，有着严重的安全隐患。听了传销组织几天的宣讲，面对传销组织的利益诱惑和洗脑式的宣传，梁同学想要加入传销组织工作的想法已经根深蒂固，她倔强地认为自己可以把工作和学习兼顾好。但是从事传销这样的工作是违法的，既牺牲学习时间又存在被骗钱的风险，所以她决定寻求辅导员的帮助。

二、案例分析

　　经过交流发现，该生的家庭经济条件比较困难，她希望能够做兼职补贴生活费。因此她主动去接触了传销组织，逃课参加了两次传销组织的宣讲。她认为加入传销组织可以赚取更多的生活费，还可以锻炼自己的能力。

　　综合以上信息发现，此案例反映的是大学生初入社会受到诱惑的问题，

其本质就是教育学生正确地认识社会、抵制外界的不良诱惑。在这个认识的
基础上，再对案例进行详细分析。

❶对法律的认识不全面。在我国从事传销组织是违法的，该生在不了
解我国法律的情况下坚持要加入传销组织工作，殊不知自己早已走上了违法
犯罪的道路。

❷对勤工俭学的认识错误。该生在校期间做过学校的勤工俭学工作，
她认为在此期间并没有赚取到足够多的生活费，因此无法抵制外界的金钱
诱惑。

❸对学习的态度不端正。该生没有合理规划兼职和学习两个方面，甚
至占用学习时间做兼职，严重影响了自己的学习和生活。

❹安全意识的薄弱。该生在听传销组织宣讲期间多次晚归寝室。校外
兼职本就没有很好的安全保障，晚归寝室更是不可取的行为。

三、案例处置

针对该生出现被传销组织洗脑，坚持想要加入传销组织的情况，在了解
了具体情况之后辅导员结合身边的具体案例给予了她一些建议，具体是：

❶学习法律知识，提高安全意识和反诈意识。大学生初入社会，面对
各种诱惑和骗局，如果没有较强的法律意识和反诈意识，很有可能身陷骗
局。学习法律，可以让她明白加入传销组织会违反我国的法律，既弥补了法
律方面的欠缺，也可以提高她的安全意识，在今后面对各种骗局也能简单地
识破。

❷好好学习，争取拿奖学金。前面也提到，梁同学是一个上进的女孩，
但是面对传销组织的金钱诱惑她无故逃课，严重影响了自己的学习。以奖学
金激励她，不仅提出了一个可以缓解她的经济压力的办法，还可以激发她学
习的积极性。

❸认真听取身边案例。通过身边的案例劝导可以让她明白，传销组
织不仅赚不到钱，还有被骗钱的风险。同时，传销组织可能还会没收手
机，导致和外界完全失联，存在很大的安全隐患。在听取了身边的案例
之后，可以让她知道传销组织的不可靠性，从而打消想要加入传销组织

的想法。

四、案例效果

经过与该生的谈话后，该生明白了传销组织的不安全性，同时听取了辅导员在谈话过程中为其解决问题和困境提出的一些建议，目前该生也转变了自己的想法，摆脱了之前所面临的困境。

❶提高了安全意识和法律意识。在听取身边的真实案例之后该生认识到自己的法律意识淡薄，也认识到了晚归寝室的危险。该生打消了之前想要加入传销组织的想法，保证之后不会再有晚归寝室这种情况的发生，同时也认真地学习了相关的法律，弥补了自己在法律知识方面的欠缺。

❷提高了学习的积极性。该生认识到脚踏实地、好好学习才是正确的道路。同时，该生也意识到自己不应该占用学习时间做兼职，立志自己要好好学习，争取拿奖学金减轻家庭负担。

❸提高了对外界诱惑的抵抗力。该事件对身边的伙伴起到了警示的作用，社会陷阱离自己并不远，也许就在自己身边。该生经过本次的传销组织事件之后，对社会中的陷阱有了更全面的认识，在未来能够更好地抵制外界的金钱诱惑。

五、案例启示

❶提高自己的安全意识。大学生外出时应该保证自己的财务安全，更应保证自己的人身安全。外出兼职本身就具有很多的不稳定因素，应该在保证自身安全的情况下再选择外出兼职。即使是外出兼职也不可以晚归寝室或者不归寝室。

❷端正自己的学习态度，提高学习的积极性。在现阶段作为一名大学生，最重要的事情就是学习。规划好学习和兼职这两个方面，应该花更多的时间在学习和提升自我上，而不应该把过多的时间和精力放在兼职上。所以不应该以任何理由逃课、占用自己的学习时间，在学习上松懈。

❸抵制外界不良诱惑。在面对外界的不良诱惑时，应该提高警惕、

果断拒绝，在迷茫时也可以向身边的朋友或者辅导员寻求帮助。切不可因为一时的利益而迷失自我，在陷阱中越陷越深。同时应该增强法律意识，多加关注现实中的案例，通过案例认清各种骗局，提高反诈意识。

把控情绪　理性思考

——遇到突发性学生群体事件怎么办

一、案例概述

张同学，男，大二财务管理专业学生。该学生平时热爱运动，性格比较外向，大大咧咧。李同学，男，大二财务管理专业学生，该学生为人仗义，交友广泛，性格豪放爽直。

2021年10月25日下午，学院2020级财务管理1班和2班共10位同学自行组织进行篮球比赛。篮球比赛接近尾声时，财务管理1班因比分较领先，打得很放松，张同学更是频频让对手难堪，就在张同学再次进攻突破时，李同学对其犯规，双方发生争执，随即引发肢体冲突，双方队员都围上前互相推搡辱骂，造成三人摔倒。

尽管双方各执一词，但在现场观众的调解与裁判的冷静处理下，双方矛盾有所化解，冲突暂时平息，比赛也随即终止。冲突后的第二天，两班级仍继续上课，三名受伤学生到医务室检查后被确认为轻微伤，并无大碍，但两人心中仍对对方存在些许意见。因冲突发生在比赛过程中，的确不妥。篮球赛中球员激烈角逐、身体接触多，难免发生一些摩擦，辅导员得知此事后，对两人进行调解。

二、案例分析

经过交流发现，因两队都对本次友谊赛结果十分看重，比赛异常紧张激烈，双方在比赛中便有多次肢体碰撞。

综合信息发现，该案例反映的是球赛中普遍会发生的问题，其本质就是学生的自我情绪控制问题。在这个认识的基础上，再对案例进行详细分析。

❶ 双方球员压力较大，导致动作变形。双方对本次比赛结果过于看重，双方球员想赢怕输的心态导致球员压力较大，在比赛中动作变形。

❷ 比分领先的队伍骄傲自满，比分落后的球队情绪浮躁。比赛中，财务管理1班先拔头筹，获得比赛领先，这使得财务管理2班队员在比分落后的情况下，想尽快扳平比分，但在比赛中进攻无果，情绪逐渐浮躁起来，导致球员心态失衡。

❸ 球员动作幅度大，导致对方球员不满。双方球员压力较大，动作变形，再加上落后球队的球员浮躁，导致场上动作幅度越来越大，危险性很高，这引起对方球员的不满。在想赢怕输的心态下，对方球员的危险性动作也越来越多，幅度也越来越大。这给双方球员都带来了心理影响，最终爆发冲突。

三、案例处置

针对本案例中的学生群体性事件，了解具体情况后，辅导员结合自身工作经验提出了处理方案，具体如下：

❶ 按照体育竞赛的规则，做出正当的判罚，同时对打架运动员作出相应的处罚，对参与此次打架斗殴情节严重者予以禁赛一年的处分，对其余情节较轻者予以口头批评，以起到惩戒、警示的作用。

❷ 对于青年人要进行教育和引导，加强思想教育，树立正确观念，教他们如何在比赛中缓解紧张的情绪，加强他们对于运动精神和比赛规则的理解。只有真正理解了体育精神，加深对遵守竞赛规则、正当竞争的理解，他们才能真正成为合格的运动员，并且因获得正确的认识而终身受益。

四、案例效果

在辅导员的教育、引导、关心下，双方意识到自身问题并积极改正，情况有所好转。

❶学生情绪得到安抚，主动反思自己的错误。辅导员在第一时间到达现场，积极主动与学校各部门配合，找到双方学生，第一时间关心学生伤势，给予了学生实质性的帮助。没有用简单粗暴的批评方式，而是站在学生立场处理问题。因此，学生更加积极地从内心主动接受辅导员的思想教育。

❷两人分别向对方道歉，接受处罚。双方通过辅导员的调解与劝导，情绪得到平复，意识到自己的冲动行为所带来的不良影响，明白了遇到事情要理性思考，不能任由自己冲动行事，向对方诚恳地表达了自己的歉意，加强了对体育精神的理解，接受学校所给出的相应处罚，并承诺在之后的比赛中会严格遵守规则，不意气行事，尊重对手与自己。

五、案例启示

❶要加强大学生思想政治教育，注重价值观导向。本案例是由于未把控情绪而引发的群体性学生突发事件，辅导员及时对双方进行劝导，使双方及时认识到自己行为的不妥之处。运动项目身体接触多，产生摩擦在所难免，所以，要告知学生若日后遇到相似情况学会控制自己的情绪，不冲动行事。

❷辅导员也需提高自我素养和综合能力。学生打架是突发事件，处理此类事件，需要辅导员具有非常好的心理素质和综合能力。新时代下，高校辅导员平时应加强自己的技能培训，借助心理培训师、急救医生、消防员、警察等支持系统和辅导队伍，培养应对各种突发事件的处理能力。

❸高校大学生处于人生成长阶段中不完全成熟的时期，行为思想极易受到外界环境的影响。在网络发达，大量正负面信息共存的时期，高校应加强宣传正确的体育竞技精神，传播正能量，使学生远离暴力等不良文化，避免出现类似情况。

树立正确观念　加强自我管理

——学生醉酒怎么办

一、案例概述

　　刘同学，男，2001年12月生，山东人。该生家在山东省泰安市泰山区，为独生子女，家中共有四口人，该生与其父母和奶奶共同居住。该生平时喜欢锻炼，喜欢听音乐，耳机基本不离身，空闲时间喜欢看小说以及心理学方面书籍。该生平时较为活泼，性格十分外向，不拘小节，喜欢发起话题与他人闲聊。

　　该生在大一同时加入学生组织和社团，并在大一下学期担任班级团支书，在学期末选择在部门留任。面临的主要问题是，该生来自山东，在15岁时便与朋友等时常外出吃饭喝酒，养成习惯，来到四川后与同学或者部门内部的朋友一起吃饭也总喜欢喝酒，时常因为面子问题喝得又多又急，导致醉酒的情况发生。虽然没有发生过完全失去意识的情况，但经常酒后失言，有很多事情第二天也有所遗忘无法回忆，而且第二天身体也会有很多不适，极大地影响了学习和部门内部的工作，导致同学等对其颇有微词。但是习惯已经养成，该生喝酒前知道注意酒量问题，喝到中途却总会遗忘。他意识到问题的严重性，担心在以后与不熟的人喝酒时喝醉可能导致的严重后果或者平时喝酒耽误到学习和工作进行，但他不知道该如何处理这种情况，所以他决定寻求辅导员的帮助。

二、案例分析

经过交流发现，由于该生自小成绩尚可，父母对其并没有太多的管控，对该生比较放心，认为该生比较懂事，可以自己管理自己。然而由于该生交友不慎，青少年时期便养成喝酒习惯，且未与父母沟通，导致该习惯延续至今。但该生深受懒散的苦果，高中后期成绩下降，下定决心在大学积极进取，担任了班干部，加入院级组织，努力学习新知识、新技能。

综合以上信息发现，此案例反映的是当代大学生的普遍问题，本质是缺乏正确的观念和自我管理能力。在这个认知基础上，对案例再进行详细的分析。

❶ 没有树立正确观念。该生能够知悉懒散的弊端并为改变付出实际行动，表明该生对于是非有足够的认知，但却在饮酒问题上一错再错。这只表明该生认为饮酒过度并不是一个错误，反而认为是真性情和面子问题，该生想要的是如何在饮酒后不影响第二天的正常学习和工作，这显然是不可能的。所以纠正该生对于饮酒问题的错误认知是第一个需要解决的问题。

❷ 自我管理能力不足。该生在前期成绩尚可但之后成绩大幅度下跌，恰恰反映出该生缺乏自我管理能力，在知识简单时可以保持成绩，但难度一旦提升没有大量的练习是无法掌握新知识的。这也是该生在酒桌上一喝不停的原因，在饮酒前告诉自己要适量饮酒，但由于缺乏自我控制能力，导致后来醉酒。如何加强自我控制能力是该生第二个亟待解决的问题。

三、案例处置

针对该生习惯饮酒且无法控制自己饮酒量导致学习与工作深受影响，了解具体情况之后，辅导员结合自身的工作经验给予他一些建议。具体是：

❶ 纠正错误观念。改变"今朝有酒今朝醉"观念，这种观念实质是逃避现实、自暴自弃的消极情绪。改变"酒逢知己千杯少"这种错误想法，明白交朋结友并非离不开饮酒作乐。纠正"男子汉天生应当会喝酒"的观念，用会喝酒来衡量"男子汉"未免失之偏颇，要树立正确的观念，明白自律、

自强的人才能成为"男子汉"。通过思维的转化逐渐改变该生饮酒的习惯，进而戒酒，从根本上解决问题。

❷对于他人劝酒学会拒绝，学会克制冲动情绪。首先该生要明确自己的酒量到底如何，每一次饮酒控制在什么范围内自己可以承受。该生可在喝酒前与关系较好的朋友商量好，在喝得差不多时提醒该生，并帮助自己拒绝他人劝酒。当该生达到事前确定饮酒上限时，若仍然因为冲动情绪无法克制自己，可以想象一下醉酒后的丑态以及第二天身体的不适，通过其他情绪来控制自己冲动的举动。

❸加强自我管理能力。该生平时有锻炼的习惯，说明该生具有一定的自我管理意识。平时可以多制订计划，包括学习、工作、看书以及锻炼，严格遵守计划，不断加强自我管理能力，学会控制欲望以及情绪。

四、案例效果

经过与该生谈心谈话，该生也明白了自己所处困境，同时实践了辅导员在谈话过程中为该生解决问题和困境提出的一些建议，目前该生的状态已有所好转。

❶外出吃饭时饮酒次数明显减少。在纠正了饮酒方面的错误观念后，该生明白了饮酒不是必需的，知晓了适度饮酒、减少饮酒次数，不再每次与朋友、同学等外出聚餐时"逞英雄"。

❷饮酒可控制在承受范围之内。该生通过明确酒量，并与同伴事前沟通以及自身的情绪克制，可以做到在自身承受范围内合理饮酒，饮酒后仍有清醒意识，第二天无身体方面的不适。

❸自我管理能力逐渐提高。在经过一段时间按计划分配每日时间后，该生做到了克制懒散等欲望与冲动等情绪，能够更合理地对所作所为进行控制，使言语以及行为更理智。

五、案例启示

❶正确认识酒桌文化。酒桌文化不是所谓的"逞英雄""出风头"，对

于饮酒需要树立正确的观念，而不是攀比酒量，导致伤人伤己，影响自己的正常生活和身心健康。

❷从情绪切入，关注学生生活。学生无法克制自己是很常见的问题，解决这一问题需要从情绪入手克制学生的冲动以及欲望，让学生做到以情绪克制情绪，来解决学生的冒失行为。

❸制订计划，管理自身。有计划地安排学习、生活、工作，不但可以使做事更有效率，完成度更高，还可以增强学生的自我控制能力。所以学生可以培养制订计划的习惯，加强自身管理能力，在面对突发事件时正确控制自己的行为。

第六部分

恋爱情感篇

爱自己　爱生活　爱他人

——学生在恋爱中遇到难题怎么办

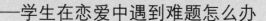

一、案例概述

陈同学，女，2000年7月生。家住一个偏远的小乡村，单亲家庭子女。该生性格比较外向，既喜静又喜动，既可以和同学们打成一片，又能够静处一隅。她平时喜欢看小说、打游戏和散步。为人正直，待人友善，能够和同学室友和谐相处。

w同学是该生专业分流前的同班同学，为人开朗热情，曾经向她表白过，但该生认为只是在开玩笑，便拒绝了，并且没放在心上。在大二时，该生因w同学的介绍加入了社团，她自己也希望能够通过社团培训学到本领，去参加省赛或国赛。在培训期间，w同学作为培训人对新成员进行了理论培训和比赛培训。由于该生在培训时期因家中有事请假回家了，便错过了两场培训会。出于对参赛的渴望，加之曾经和w同学是同学，就私下请教w同学，希望w同学能帮助一下她。w同学也欣然答应了，后来一起组队打比赛，友谊逐渐升温。有一天w同学又一次鼓起勇气向该生表白，该生认为最近和w同学的相处让她觉得还是比较愉快的，加之抱有"反正大学谈恋爱是迟早的事情"的观念，于是答应了w同学。可她愿意和w同学在一起并不是出于心动的喜欢，故她和w同学在一起后时常会觉得相处很尴尬。当她向室友诉说了这一苦恼后，有经验的室友表示，谈恋爱刚开始都会这样，感情是可以慢慢培养的。该生半信半疑，认为既然答应了和w同学在一起，就不应该辜负人家，于是又尴尬相处了一个月。w 同学也发现了该生的不自在，但不想放手，于是决定和她好好谈一谈。该生诚实地告诉了 w 同学自己的想法，以及不知道自己哪里值得 w 同学喜欢的疑惑，而 w 同学表达了对她坚定的喜欢，觉得感情是可以培养的，不想就这么放弃。该生被 w 同学的坚持打动，但想到两人相处时的尴尬，内心还是比较担忧。"是否应该和男朋友分开"和"如果不分开，该如何和男朋友温馨相处"的问题困扰了她许久，于是她决定寻求辅导员的帮助。

二、案例分析

经过交流发现，该生在单亲家庭长大，由于受到父母婚姻破碎的影响，对爱情没有美好的印象。该生父亲平时忙于工作，很少和她讲述恋爱以及感情方面的知识，而且从小到大的学习生活中，各个老师都对男女同学谈恋爱的事情持否定的态度，没有正常的引导教育。该生上了大学后，处于一个相对自由的环境，一方面对爱情充满好奇和向往，一方面又比较焦虑和不自信，导致在面对喜欢自己的异性时常常感到矛盾和尴尬。

综合以上信息发现，此案例反映的是大学生在谈恋爱时的心理问题，其本质是如何树立正确的恋爱观。在这个基础上，再对案例进行详细分析。

❶原生家庭环境的影响。该生生活在单亲家庭，受到父母婚姻不幸的影响，在害怕接触爱情的同时又渴望被爱，由此对爱情产生了矛盾心理。如何让该生走出原生家庭的阴影，是第一个需要解决的问题。

❷教育的影响。家庭是一个人最早接受教育的地方，也是最早对一个人产生影响的地方。由于该生的父亲很少对该生讲述男女交往的事情，且从小到大遇到的老师也对男女交往的事情避而不谈，导致该生未能及时树立正确的恋爱观。如何对大学生进行适当的恋爱观教育，使其形成正确的恋爱观是需要解决的第二个问题。

❸学习压力、就业压力等的影响。由于该生已经大三，即将面临考研或实习等问题，该生认为自己无法平衡好学习与恋爱。如何在谈恋爱的同时高效学习成为第三个需要解决的问题。

三、案例处置

针对该生出现的缺乏恋爱经验和知识又没有正确的引导，并且不知道如何兼顾学习与谈恋爱这些问题，了解具体情况后，辅导员结合自身的感情经验和所学知识，提出以下建议：

❶爱情本身是一件美好的事情，每个人都有拥有幸福的权利。每个人都有自己独一无二的人生，命是天定的，但运是自己造的，父母没有美好的婚姻不代表子女就不能拥有美好的爱情。该生正处于人生的大好青春时期，应该去体验、去感受爱与被爱。

❷谈恋爱，一方面要遵从自己的内心选择，一定要树立正确的恋爱观。爱与被爱是对等的，互相喜欢应该是两个人在一起的前提。不要因为好奇心理或者其他非真心喜欢的因素就稀里糊涂和对方在一起了，喜欢才能让故事更长久。另一方面，恋爱期间，双方都不要做要逾矩的事情，以免伤害到自己。所以该生应该认真询问自己是不是真心喜欢 w 同学，而不是出于其他心理。

❸好的爱情可以让两个人一起成长为更好的人。作为一名大学生，需要把握好谈恋爱的度，更多的心思应该放在学习上，但是一个人的学习有时候可能是比较枯燥无聊的，两个人可以互相鼓励、互相帮助，在一定程度上也能提高学习效率。同时，要减少无效相处时间，将尴尬和争吵的时间都花在其他有意义的事情上。

四、案例效果

经过与该生的几次谈心交流后，该生对问题有了比较清晰的认知，听取了辅导员为其提供的一些案例和建议，该生逐渐走出了困境。

❶建立了积极的自我暗示，充满自信。面对异性的示好，不再感到局促难安，对待生活充满热情和期待。通过发现自己和他人的闪光点，树立自信，能够做到和他人从容交流，并敢于流露自己的情感。

❷认清内心，保持清醒。经过几个月的相处，该生逐渐认清自己的内

心，发现自己也是喜欢 w 同学的，对待感情不再小心而敏感，而是敢于在对方面前展现真实的自己。

❸ 合理规划时间，两人互相督促学习，取长补短。两位同学在谈恋爱的同时没有忘记自己做学生的本分，会一起学习，一起进步，并且一起探讨了考研或考公的想法，都给予了对方相应的支持和鼓励。

五、案例启示

❶ 作为辅导员应该尽量多地和学生平等交流，了解学生的思想动态，从而给出正确的思想指导，同时提前建立危机干预机制，以防事故发生。辅导员与学生之间应该是亦师亦友的关系，学生在遇到困难时可以选择找辅导员倾诉，辅导员对于一些特殊家庭的孩子更应该加强对其的了解和关注。

❷ 应开展各种思想教育，组织各种心理健康讲座。联合学校心理健康中心的老师对学生的心理健康问题进行及时解决，承担起学生心理健康成长的重要责任。在学生整体层面开展爱情观教育，高度重视学生恋爱问题，使学生们树立正确的恋爱观。

❸ 提供一些经验和真实案例供学生参考，使他们在对待自己的感情问题或学业问题时有一个具体的参考。正确分析学业与爱情的关系，学业是让自己变得更优秀，而爱情是让自己变得更有温度，把握得当，二者也可以相辅相成。

分手不是末日

——怎样走出感情阴霾

一、案例概述

唐同学，男，1999年4月生。该生平时喜欢健身、打乒乓球和打游戏，平时性格内向腼腆，不善言辞。

该生在大一上学期与同社团一女生谈恋爱，并且已经度过两年，但其中大大小小的矛盾也发生了不少。每次发生矛盾的时候，他们就会进入一个低谷期，心情十分的沉重，变得易怒，集中不了注意力，生活学习一塌糊涂。而该生与其女朋友闹矛盾最厉害的一次竟到了分手的地步。在这学期的10月份，该生与其女朋友因事务繁多，长时间未见面，导致该生女朋友向其提出了分手，觉得该生不主动找自己，就是不爱自己，所以在经历了一系列的争吵后，两人最后还是决定分手。该生在分手后，茶饭不思，夜不能寐，上课无精打采，老是走神，回到宿舍一个人静静地坐在那儿，翻看着手机里他们以前的点点滴滴，暗自神伤。本来谈恋爱应使两人感到幸福快乐，最后却让两人该笑的时候没有快乐，该哭泣的时候没有眼泪，该相信的时候没有诺言，打破了原本开心快乐的生活，两人情感上受到重创。该生无法自己走出困境，便向辅导员寻求帮助。

二、案例分析

该生因与其女朋友分手而导致无心学习，夜不能寐，既影响自身学习的进步，又影响身心健康。

综上信息发现，此案例反映的是大学生普遍会遇到的恋爱情感问题，其本质就是大学生不知如何应对情感危机，快速地走出阴霾。在此基础上，对案例进行分析。

❶分手让该生在短时间内迷失自己，极度不自信。该生在分手后自信心受到很大的打击，如同丢了魂一样，听不进周围人的劝告，完全沉浸在一个封闭而又消沉的世界里。如何让该生走出不自信的阴霾成为一个棘手的问题。

❷该生在情绪调节方面较为欠缺，不知如何调节自己的情绪。该生分手后沉浸在游戏的世界里面，认为打游戏就可以使自己走出阴霾，但静下来后却还是心如刀绞，暗自神伤。

❸学习和生活一塌糊涂。在分手后，该生根本无心学习，上课听不进去，考试前复习时知识也根本进不了脑子，生活习惯变得极为不规律，饮食睡眠都不按时进行，严重影响了身体健康。

三、案例处置

针对该生出现恋爱问题而导致身心俱疲，严重影响到其生活和学习的情况，辅导员结合自身认知和网上查阅资料给予他一些建议。具体如下：

❶增强自己的自信心。不管内心有多么的悲伤，但生活还是要继续的，该生认为分手都是自己做得不好，所以才导致对方抛弃了自己，对自己极度地否定。但该生需要的不是数落自己，而是寻找自身的发光点，哪怕自己身上只有一个优点和特长，也要最大限度地利用它，让它成为自己的优势。人生变好是从发掘自己的优点开始的。

❷调节自身情绪，走出感情阴霾。首先要回顾过往感情，分手后，过往的点滴总会出现在眼前，那不如把过往的回忆一点一滴在脑海里放电影般过一遍，同时找找分手的原因，从自己的错误中吸取教训。其次让亲情友情填补爱情的空缺，曾几何时因为爱情而疏忽了朋友、家人，这时候正好是关怀他们的机会，拿起电话给他们一个问候。也许仅是亲朋好友简单的日常问候，就能安抚失恋学生受伤的心。

❸认真学习，健康生活。学习和生活不会因为失恋而停止脚步。与其浑浑噩噩地在丧失自我的痛苦中迷茫度日，不如抬起头在学习中去自我疗伤，让自己沉浸于学习中，既能为以后工作打下坚实基础，也能让自己转移注意力忘记伤痛。在生活中，应健康饮食，不因分手而暴饮暴食或绝食，然后进行体育锻炼，在运动中将所有的负面情绪全部释放出来。

四、案例效果

经过与该生的谈话，该生也明白了自己应该如何面对失恋问题，目前该生经过一段时间的调整，状态也逐渐好转。

❶该生自信心明显增强。不再把自己封闭在一个消沉的世界里，与人交谈也不再感到自卑，能勇敢地去展示自己，能够坦诚地说出自己的意见，在面容、姿态和言谈举止上表现出一种活泼的生气，对生活充满信心。

❷该生情绪明显改善。愁容消散，笑容满面，不再沉浸在游戏的世界里，开始笑对人生百态，以积极的心态看待人事物，从失恋的阴霾中走了出来。与父母朋友的交谈也逐渐多了起来，关系也越来越好。

❸该生开始认真学习，规律生活。面对生活琐事也能一一化解，并准备每天进行体育锻炼，让所有负面情绪都随风散去。

五、案例启示

❶增强自信心，无所畏惧。自信就是在自我评价上的积极态度。狭义地讲，自信是与积极密切相关的事情。没有自信的积极，是软弱的、不彻底的、低能的、低效的积极。所以我们应关注自信心的增强，做一个自信的当代大学生。

❷调节好情绪，开心每一天。每个人都有情绪，但大学生们大都对情绪缺乏必要的了解和关注，消极情绪若不适时疏导，轻则败坏心境，重则使人走向崩溃，而积极的情绪则会激发我们学习和生活的热情和潜力。

❸认真学习，健康生活，为自己而活。学习是伴随我们一生的事情，活到老学到老，学无止境。大学生不仅要认真学，极力扩展认知边界，保持

求知欲、探索欲；还要学会怎样去学，学习能力是所有能力的基础。此外，还要养成良好的生活习惯，对自己的健康和未来负责，爱自己的人才能真正爱他人。

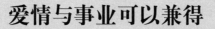

案例6-3

爱情与事业可以兼得

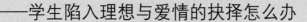

——学生陷入理想与爱情的抉择怎么办

一、案例概述

　　小花，女。该生很喜欢参加课外活动，与人沟通能力较强。

　　小花现在面临毕业，她和男朋友的理想工作地域大不相同。在开始这场恋爱后，小花并没有任何对未来的考量，也没有考虑过彼此的未来，所以现在非常纠结以后去哪个地方，谁要为谁妥协的问题。她害怕无法就业而感到迷茫，又怕两个人互不妥协导致恋情破裂。毕业季很多时候就是"分手季"，因为在这个时候往往要在事业和爱情之间做出选择。小花也为此心生困扰，在秋招过后，她收到了离她家乡近且心仪的 offer。同时，她也收到了一份在男朋友心仪城市工作的 offer。对于异地问题，小花和她的男朋友都不接受，觉得距离会使这份爱情产生很多问题。一方面，小花很爱男朋友，希望和他继续发展下去，另一方面，家乡的这份工作是她梦寐以求、不想放弃的。处在这个特殊时期，小花对爱情和"面包"不知如何抉择，所以想寻求辅导员的意见与帮助。

二、案例分析

　　经过交流发现，小花心仪的 offer 来之不易，并且如果接受了这份工作，小花今后能力的提升和薪资的发展都会有一个不错的结果，家里人也希望她可以有一份离家近一点的工作。当前最大的问题就是如果小花选择了好的工作就会面临和男朋友异地、感情动荡的风险。

综合以上信息发现，此案例反映的是情侣之间的普遍问题，其本质就是如何在爱情与面包之间做出取舍，清楚什么是对自己最重要的。在这个认识的基础上，再对案例进行详细分析。

❶双方是否对这段感情都无法割舍，是否可以对异地问题退让一步。根据小花的描述，双方对这段感情都不想放弃，想要有一个共同的未来。这说明这段感情现在是稳定的，但是如果两人身处异地会使感情的稳定性下降。当下是两个人事业发展的起步期，对年轻人来说是发展事业的好时候，如果两人对异地恋降低排斥，在事业发展的同时好好经营感情是最好的选择。

❷物质基础决定上层建筑。一段优质的恋爱最好的状态是相互成就共同成长的。在学生还没能脱离父母的供养实现经济独立时，应该先朝着自立自强的目标前进。爱情是生活中的调剂品不是必需品，没有物质的爱情就是一盘散沙。所以为了两个人的未来，是否有信心一起进步然后再靠实力解决异地问题是最应该考虑的事情。

三、案例处置

针对该生出现毕业面临异地，如何在爱情与面包之间做出取舍的问题，了解具体情况之后，辅导员结合自身的工作经验给予了她一些意见。具体是：

❶正确认识目前双方的情况。小花并没有对他们两个人的未来作出设想，她对自己现在的生活重心也模糊不清，也并不清楚双方是否对这段感情都无法割舍，是否可以对异地问题退让一步。因为前面提到小花对这份感情无法割舍，所以现在最重要的是问清楚男方的具体想法。如果两个人可以对异地问题做出退让，并且男方对这段感情也很重视，那么就可以达到最好的结果：在事业发展的同时好好经营感情。

❷了解双方的经济情况，衡量恋爱和面包的天秤。小花说根据她的了解，双方的家庭都比较普通，如果想要在城市立足并且组建家庭还需要两个人在城市打拼一段时间。这么看来，先发展事业是最好的选择。毕竟金钱在

生活中必不可少，"贫贱夫妻百事哀"不是没有道理。两个人势均力敌才会让这段感情更容易持续发展。

四、案例效果

经过一段时间与该生的谈心谈话，该生也明白了自己所处困境，同时听取了辅导员在谈话过程中为该生解决问题和困境提出的一些建议，目前该生对自己的选择有了明确的想法。

❶ 了解了男方的真实想法——愿意在异地问题上做出退让。在经过结合自身情况及未来发展和男友讨论异地问题后，男方表示为了双方更好地发展，他愿意对异地问题进行让步。但同时也希望小花在空闲时间增加两人之间感情的交流，以免因为距离让这段两人维系了多年的感情出现裂缝。小花表示在努力工作的同时会好好兼顾爱情，达到最好的结果——在双方事业发展的同时经营感情。

❷ 明白事业和金钱在一段健康爱情中的重要性。从长远的发展来看，现在是事业发展和财富积累的黄金期。小花决定先着重发展事业，在和男友达成共同想法后毅然决然地接受了心仪的 offer 并为这份工作认真做准备。小花清楚了先让自己脱离父母的养育、独立生活的重要性，投资自己、发展自己才是人生中的首要事情。现在的选择是为今后优质的生活和稳定的感情打下良好基础。

五、案例启示

❶ 正确看待爱情和理想的重要性，明白自己想要什么，当前阶段最重要的是什么。当然，爱情和理想并不是对立的。一段好的爱情往往对理想的实现起到促进作用，而不是对一方的理想百般阻挠。并且如果正在为理想奋斗，同时对爱情有美好的向往，处在这个阶段的年轻人也不必焦虑还没遇到对的人，因为在为理想奋斗的过程中，会散发自己独特的魅力，遇到形形色色的人，这个时候只需要保持向上的姿态抓住机会就会收获自己的爱情。不管处在什么人生阶段，都不要忘记对自己的投资，保持积极向上的人生姿

态。爱情中外貌的影响会随着时间的增加而减少，自己的人格魅力才是维系一段感情的纽带。

❷在遇到人生中的选择时，不妨问问自己的伴侣，说不定会收获一个意想不到的答案。当自己产生感情发展相关的困惑时，一定要及时与伴侣沟通，清楚双方的想法，避免因自己的认知偏差而导致错误的选择。

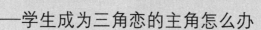

案例6-4

以心相交　以诚相待

——学生成为三角恋的主角怎么办

一、案例概述

　　小李，男。该生曾和室友们打赌说他一定会在一个月内谈到女朋友，于是通过各个学校的表白墙加到了不少女生，最终和两个女生确定了男女朋友关系。沾沾自喜的小李，刚开始还和室友显摆，三个月下来后便开始郁郁寡欢。因为小李的两个女朋友都在其他学校，所以小李需要这周和这个女朋友出去玩，下周又得和另一个女朋友出去玩，如此每个周末出去玩一次的路费和伙食费都很大，而小李每个月的生活费只有 1 500 元。小李现在很苦恼的是如果继续交往两个女朋友，生活费肯定不够，但是两个女生他都很喜欢，实在不知道该选择哪个女生，也不知道如何和未被选择的女孩解释。小李实在很苦恼，他也不知道向谁倾诉，便以匿名的形式在学校表白墙说了自己经历，想要听听同学们的意见。可结果是，评论区骂声一片，小李看到之后反而更加难受了。小李深陷这场三角恋所带来的困苦中。面对这样的情况，小李不知道如何处理，于是便想向辅导员寻求帮助。

二、案例分析

　　经过交流发现，该生为了和同学打赌而去谈恋爱，但是恋爱对象却有两个女生，并且在和两个女生谈恋爱的过程中都已经产生了感情。该生陷入三角恋的关系，生活费与恋爱经费难以协调，导致该生闷闷不乐；同时在该生想要得到其他同学帮助的时候，由于使用方式不当，还在经历网络暴力。

综合以上信息发现，此案例是学生之间的三角恋关系，但是面临的问题却比较特别，所以还需要对此进行更加详细的分析。

❶学生对于谈恋爱的认识问题。该生之所以要谈恋爱，源于和同学之间的打赌游戏，对于谈恋爱的认识过于浅薄，并不是发自内心地需要。

❷学生的三角恋关系问题。结婚证只能和一个人领，而正常的恋爱关系中，男女朋友也应该是一一对应的，而不是在两个异性都不知情的情况下，左右逢源地谈恋爱。

❸学生的生活费与恋爱经费协调问题。生活费是父母根据他们所能承担的程度以及学生的实际需求来给的。该生对于生活费和恋爱经费的协调应该好好安排，不能为了撑面子或者其他原因而盲目花费。

❹学生寻求帮助的方法问题。不是什么问题都可以放到网上让更多人出主意解决的，不同的问题有不同的解决方法。

三、案例处置

针对该生出现的与多个异性感情纠结问题，无法协调学习和感情的情况，了解具体情况之后，辅导员结合自身的工作经验给予了她一些建议。具体是：

❶树立正确的三观及爱情观。大学谈恋爱是一种缘分和顺其自然的事情。爱情不是游戏，也不是赌博的筹码，而是一份真挚的承诺，需要真心付出，以诚相待。

❷尽快结束这段三角恋关系。恋爱关系是社交关系里既重要又特殊的关系，而一段关系的成就需要的便是坦诚和尊重，恋爱关系是一对一的忠诚，小李所维持的三角恋关系是对两个女生的欺骗，不仅是对两个女生的不负责，也是对自己的不负责。所以小李现在需要做的是在感情还没有特别深入的时候，尽快结束。

❸合理安排生活费与恋爱经费。在保证好自己的基本生活没问题的基础之上才能更好地用钱去谈好一段恋爱。并且谈恋爱是双方的付出，对于情侣为约会的花费可以在两个人之间进行适量的分摊。

❹遇到心理问题最好是找有专业知识的老师解决。谈恋爱这种比较私密的话题，尽量不要随意放到网上，而是找专业的老师进行交流，让老师辅助解决。

四、案例效果

经过一段与该生的谈心谈话，该生也明白了自己所处困境，同时采纳了辅导员在谈话过程中为其解决问题和困境提出的一些建议，目前该生的状态已有所好转。

❶对大学恋爱有了深刻、正确的认识。因为给该生讲解了很多大学生恋爱的心理课程，以及让学生谈了自己心底里的恋爱观，学生对这段变异的爱情也感到很自责。通过此段经历，他也更加深刻地认识到了树立正确恋爱观有多么重要。

❷结束了畸形的恋爱关系。通过谈心，该生已经深刻认识到了自己所持续的这段恋爱会给三方带来怎样的危害。虽然该生对两个女生都有一定的感情，但是为了不让最坏的结果出现，该生还是勇敢地向两个女生解释并道歉了。

❸学会了如何有计划地安排自己每个月的生活费。在老师的建议下，该生下载了一个专门记账的软件，并用一个专用本子对每个月的生活费进行月初计划、月中清点、月末结算等来规划自己的生活费。

❹认识到心理老师的重要性并与老师建立了良好的信任关系。该生在与老师谈心并解决了自身问题后，认识到了多和老师沟通的重要性，以及自己之前在网上寻求帮助是多么幼稚的行为。在此次问题解决之后，该生的心理压力也减少了很多，并开始努力专注学习，将谈恋爱的事暂时抛在脑后。

五、案例启示

❶正确认识学生学习与谈恋爱之间的关系。学习和谈恋爱并不是相互冲突的，协调好学习和恋爱，在一些程度上还可以相辅相成。学习必然要专心致志，但是谈恋爱也算社交，从中也能学到一些沟通的技巧，并且如果真

的遇到了对的人，那也是人生中的一件幸事。

❷从心理沟通入手，关注学生成长。学生有些时候不能处理好恋爱关系，比如会出现三角恋或者其他的不良恋爱关系，要解决此类问题首先必须与学生做好心理沟通，了解学生心里的想法，才能从源头帮助学生提建议。

❸科学计划，合理安排。学生无法平衡好生活费与其他额外开支是一个普遍存在的问题，要解决此项问题，最重要的就是引导学生科学计划自己的生活费使用，以及合理安排生活中的额外开支。

及时沟通　相互理解　携手前行

——学生学习与恋爱情感的协调问题

一、案例概述

小赵，女，2000年7月生，来自中国酒城——醉美泸州。该生性格外向，兴趣爱好广泛，平时喜欢摄影、看书、看电影等，待人友善，喜欢结识新朋友。

该生在大一时进入了学生会，经过一段时间的交流和相处，她和同部门的小周渐渐熟络起来，因为在相处的过程中觉得很聊得来，时间一长就都对对方产生了好感，所以便从朋友变成了情侣。两人刚在一起时，每天都有聊不完的话题，觉得对方就是对的人。时间一长，两人就出现了很多大大小小的问题，每次遇到问题除了争吵就是冷战，都没有好的解决办法。小赵认为，小周什么都不懂，什么都要自己提醒了之后才知道，心里面觉得很委屈，总是闷闷不乐的，但是又不想说出来。而小周看到小赵总是莫名其妙地生气，心里面也不舒服，所以两人总是两天一小吵，三天一大吵。马上就快期末考试了，小赵完全没办法安心复习考试，但是她不知道如何去调整自己的状态，所以决定寻求辅导员的帮助。

二、案例分析

经过交流发现，该生与其男朋友都是初次恋爱，自我意识比较强，在两个人的相处过程中，很少换位思考，替对方着想，不积极主动沟通和解决问题，缺乏恋爱技巧。同时，随着学习压力日渐增大，很难平衡恋爱和学习之间的关系。

综合以上信息发现，此案例反映的是学生难以处理好情侣之间沟通、学习与恋爱之间的关系问题。在这个认识的基础上，再对案例进行详细分析。

❶没有及时沟通，积极解决的问题。该生与其男朋友在恋爱的过程中遇到问题不及时主动地沟通，而是隐藏在心里，这让对方很难知道自己的真实想法，由此会造成一系列的误会和问题。

❷没有换位思考，相互理解的问题。该生与其男朋友的自我意识都比较强，一切都以自我为中心，在很多问题上都不愿意为对方退让和妥协，不会换位思考和相互理解，这不仅不能解决问题，还会使矛盾加重。

❸时间分配不合理问题。作为大学生来说，学习和恋爱都很重要，如果不能协调好这一关系，对学生的心理和生理都会造成负面影响。所以如何分配恋爱和学习的时间，对大学生来说尤为重要。

三、案例处置

针对该生出现长期以来和男朋友沟通不洽，难以协调恋爱与学习关系的问题，了解具体情况之后，辅导员结合自身的工作经验给予了她一些建议。具体是：

❶做到及时发现问题，主动沟通。该生与其男朋友都是初次恋爱，没有经验技巧，不愿意主动沟通和解决问题，所以建议其多与男朋友主动沟通，心平气和地说出自己的真实感受。充分地、坦诚地沟通才能揭露问题、解决问题。

❷做到换位思考，相互理解。因为该生与其男朋友的自我意识和好胜心都比较强，不愿意在很多事情上做出退让和妥协，但都彼此相互喜欢和依赖。所以建议他们尝试换位思考，多站在对方的角度思考问题，如果出现问题，不要急于找出对方的问题，而是想想对方是怎样思考和理解的，然后对于双方存在的理解偏差进行疏导，长此以往，就能使双方形成换位思考、相互理解的习惯，从而避免很多问题的发生。

❸做到合理规划时间。由于没有很好地处理恋爱与学习的关系，所以

该生的情绪一直很低落，对学习造成了很大的影响。建议该生积极调整自己的心理状态，主动积极地解决恋爱中的烦心事，同时设定学习目标，在学习上和男朋友相互鼓励和支持，既能增进彼此关系，也能促进共同进步。

四、案例效果

经过与该生谈话后，该生也意识到了自己与男友面临的问题，同时听取了辅导员在谈话过程中对其存在的问题提出的建议，目前该生的情况已有所好转。

❶ 敞开心扉，消除误解。该生在尝试主动与男朋友沟通后，双方就之前的问题都说出了自己的看法，并认真倾听了对方的想法。在敞开心扉地沟通后，都消除了之前的误解，并彼此承诺以后有什么问题都要学会主动沟通，不要隐藏自己的想法。

❷ 学会了换位思考，设身处地为对方着想。该生与其男友都尝试在日常的小事中，站在对方的角度上思考问题，遇事没有急于找出对方的问题，而是先反思自己的问题，再想想对方是怎样想的。在双方经过多次尝试后，发现争吵的频率慢慢降低，相处起来也更加愉悦，并且经常一起探讨对某件事的看法，培养了更多默契。

❸ 学习效率提高，时间规划合理。该生在主动积极地解决了恋爱问题后，重新设定学习目标，找到正确的学习方法，大大提高了学习效率。周末时，两人也常常约定一起学习，互帮互助，解决疑难问题，这样不仅增进了感情，而且两人的学习效率都提高了很多，在很多科目上都取得了不错的成绩。

五、案例启示

❶ 及时沟通，积极解决问题。不管是普通同学之间，还是男女朋友之间，沟通都显得尤为重要。如果在人际交往中遇到问题不及时沟通，而是逃避问题或者冷战，只会使双方关系陷入僵局，长此以往，再美好的感情也无法经受一再的摧残与折磨。所以我们遇到问题一定要及时沟通，沟通是人类

之间的桥梁，有了沟通才能积极解决问题，及时沟通可以使双方增进了解，减少误会，避免不必要的矛盾冲突。

❷换位思考，相互理解。有句话说得好，人类的悲欢并不相通，人与人之间想要维持良好关系，最重要的就是相互理解，换位思考。在恋爱中同样如此，换位思考是解决恋爱烦恼的制胜法宝，遇到问题首先站在对方的角度思考一下，可能自己觉得不重要的事，在对方的眼里却至关重要。如果一方始终无法意识到这样的问题存在，只会觉得对方无理取闹或是小题大做，既伤害了两个人之间的感情，还无法找到自己的缺陷。无法共情的沟通没有任何效用，换位思考之下的沟通才能起到化解矛盾的作用。

❸合理平衡恋爱与学习的关系。爱情诚可贵，学习价更高。在大学生活中，甜甜的恋爱固然令人羡慕，但过度沉溺于"温柔乡"，沉迷爱情的甜蜜会使人迷失，无心学业。所以，大学生一定要合理平衡学习与恋爱的关系，应该让恋爱促进学习，以学业的成功为恋爱提供支撑，二者要相得益彰，使双方共同进步。

理解包容 沟通交流 相互陪伴
——学生异地情感危机的处置问题

一、案例概述

小陈，女，2001年7月生。该生性格比较开朗，喜欢交朋友，周末经常和朋友一起出去玩，平时的爱好就是看书和做瑜伽。是一个比较独立、有自己目标和追求的学生。

该生有一个交往了三年多的异地恋男友，平时主要通过QQ、视频电话保持恋爱关系。面临的主要问题是，该生进入大三年级之后，课业增多，每周上课时间变长，课业难度也明显增加，加之要备考各种资格证书，该生产生了极大的心理压力。由于压力的堆积，该生逐渐出现烦躁的情绪，学习的积极性和主动性变差。同时，因为忙于课业，和男友联系的时间也变少了，即使偶尔有机会视频聊天，也因为该生要完成作业而匆匆挂断。其男友因此感觉被冷落，在最近几次的联系中和她爆发了激烈的争吵，他觉得女友没有重视他们之间的感情，本想找一个恰当的机会两个人一起沟通交流一下，但总因为她要处理各种事情而耽搁，在激烈的争吵之后，她和男友陷入了冷战。该生和男友的感情矛盾让她无法集中精力学习和备考，出现焦躁、失眠的情况，所以她决定寻求辅导员的帮助。

二、案例分析

与该学生交流后发现，该生是一个目标性很强的学生，有一定的自律意识，且父母对她抱有极大的希望，希望该生在大学里能够专心学业，多考一些有用的证书，将来能够找到一份很好的工作。该生与其男友在课业没有那么繁重的时候，交流较现在频繁，几乎每天都会视频聊天。

综合以上信息发现，此案例反映的是大学生恋爱中存在的普遍性问题，这个问题实质上反映的是学生该如何平衡学习和恋爱之间的关系。在这个认识的基础上，再对案例进行详细分析。

❶学生学习与恋爱之间关系平衡问题。该生进入大三之后每周上课时间变长，课业难度加大，该生的学习时间较长，学习压力变重，这使得该生与其男友相处交流的时间和机会减少了。该生在如何平衡学习和恋爱关系上出现了问题。这是第一个重点要解决的问题。

❷彼此沟通交流问题。该生现在面临的一个主要困境是与其男友陷入了冷战。恋爱中的许多问题都是由于沟通不畅产生的。如何找寻一个恰当的时机让双方都平静下来，对产生的问题认真沟通交流，这是第二个需要解决的问题。

❸学习目标规划问题。该生要考取各种资格证书，但学习精力是有限的，需要考虑哪些证书是自己真正需要的，有目标地考取对自己有用的证书，这是第三个亟待解决的事情。

三、案例处置

针对该生出现异地男友争吵冷战、无法集中精力学习和备考的情况，了解具体情况之后，辅导员结合自身的工作经验给予了她一些建议。具体是：

❶合理安排学习时间，劳逸结合。前面说到该生进入大三之后，上课时间变长，上课难度增大，建议其在课堂上能够集中精力听课，不懂的问题争取在课前后及时解决，能够合理安排自己每周的学习时间，做好计划，提高效率，保留一定的空闲放松的时间，从而与男友相处交流。

❷主动与男朋友沟通交流，取得包容理解。该生会与男朋友爆发争吵致使出现冷战的情况，是因为该生与男朋友缺乏有效沟通。异地恋，因为其距离的关系，双方无法时刻面对面地交流，对于对方情绪、状态的理解也会有所偏差。对于异地情侣来说陪伴交流和包容理解非常重要，这需要该生认真考

虑，找寻一个合适的时间，与男朋友深入沟通，取得男朋友的理解和包容。

❸明确学习目标，制定正确的学习计划。课程学习和考取资格证书的双重压力，使得该生出现了情绪焦躁等负面情绪，同时又因为该生无法做好自我调节，从而出现了失眠和注意力难以集中等情况。该生需要明确自己真正的学习目标是什么，制订合理正确的学习计划，有所取舍地学习，从而保证自己有充沛的精力。

四、案例效果

经过与该生的谈心谈话，该生也明白了自己所处的困境、面临的问题，同时采纳了辅导员在谈话过程中为其解决困境和问题提供的一些建议，目前该生的状态已经有所好转。

❶学习效率提升，学习压力减轻，有了更多的放松时间。小陈同学由于学习时间和学习压力的增加，逐渐有了焦躁和失眠的情况，与男友相处的时间也减少了，通过总结学习方式，将问题解决在了课堂上，合理安排了学习时间，该生学习效率有极大的提升，能够有更多的时间去放松，学习压力减轻了，与男友的相处时间也增加了，情绪状态得到改善。

❷与男友的情感问题得到了解决，两人重归于好。由于该生缺乏和男友的相处沟通，导致两人出现冲突冷战，该生主动找寻合适的时间与男友沟通交流后，阐明了彼此问题所在，并为自己的不足道歉，取得了男友的谅解和理解。在了解了该生的想法后，男友表示会一起努力学习，共同进步。同时，该生因感情矛盾导致自己无法集中精力学习和备考的情况也消失了。

❸有了更清晰的学习目标和学习计划，情绪心态得到改善。该生因为要兼顾课程学习和考取证书，学习压力倍增而导致负面情绪。经过分析自己的需求，该生有了更明确的学习目标规划，保持了精力的同时负面情绪也得到了改善，更能集中精力学习。

五、案例启示

❶正确认识处理学生学习和恋爱之间的关系。大学生学习和恋爱之间

并没有必然的矛盾关系。在一定程度上，恋爱关系处理不当会对学生的学习有所影响，可能会导致学生出现精力分散、浪费时间、情绪波动、成绩下降等情况；但是，若能恰当处理恋爱关系，恋爱可以成为双方学习的催化剂，促进两人共同努力。树立正确的恋爱观对于学生正确认识和处理学习、恋爱之间的关系尤为重要。

❷实现学生情绪自我管理，促进学生成长。因恋爱矛盾引起学生学习积极性和主动性变差、出现负面情绪是大学生生活中较为普遍存在的一个问题，解决这类问题应该首先调节好学生的情绪，让学生能够消解负面情绪，以积极的心态去解决和处理问题；其次具体分析学生面临的问题，根据分析结果提出切实可行的建议从而帮助学生解决难题。

❸沟通交流，理解包容，相互陪伴。无法平衡学习和恋爱之间的关系往往是学生恋爱矛盾发生的主要原因之一，学会与恋人沟通交流，自我反思，学会包容理解彼此，和谐亲密共处，解决恋爱矛盾。所以学生应该学习如何进行有效的沟通交流，学会站在对方的角度思考、理解问题。

❹合理规划，劳逸结合。有目标地进行学习固然重要，但是在实现目标过程中也要正确制订学习计划和安排学习进度，做到劳逸结合。学生应合理规划，保持充沛的精力，更好地精进学业和享受恋爱。

第七部分

心理教育篇

案例7-1

困于学业的牢笼，如何与自己和解

——面对过大的学业压力怎么办

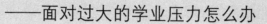

一、案例概述

邓同学，女，2000年11月生。该生性格偏内向，责任感与信念感较强，团体意识强；工作上认真负责、按时完成、从不拖延，获得老师的赞扬；生活中积极乐观，爱好志愿活动。

该生在学习上勤奋努力，截至大三上学期，共获得了一次校级优秀三好学生、两次院级三好学生荣誉称号，已通过全国大学英语四级考试以及普通话二级乙等考试。课外实践方面，大一入学加入学院青年志愿者联合会，大三被选为支部组织委员，目前在职；参与了各项志愿活动，包括第七次全国人口普查以及第十五届中国资产评估教育论坛等；获得了 ERP 校级比赛第二名、"学创杯"营销专项比赛校级三等奖。

该生面临的主要问题是进入大三后感觉学业压力很大，主要体现在几个方面：一是自我感觉专业课程多，过于理论，对于人力资源管理这个实践性较强的专业，纯理论学习难以掌握。二是目前在备考六级，来年三月份准备考教资，九月份刚考的计算机二级没过，学期期末有各科考试以及实验、报告，时间很紧迫，感到焦虑。三是同学之间竞争力强，增加了学业上的压力。四是因为该生毕业后就想工作，目前想要多去实习，但因疫情防控期间学校实施封闭管理以及实习渠道窄等原因，不能参与实习。五是该生感到毕业后找工作很难，想要不断丰富自己的简历，因此努力寻求机会参与实践，目前获得过校级奖项，但认为省级含金量更高，而多次参与比赛但结果不太理想。随着时间的流逝，该生感觉力不从心，越发焦虑，甚至晚上失眠睡不好觉，她意识到自己的压力过大，已经影响到了正常生活，但又没有好的方法去调节，所以她决定向辅导员求助。

二、案例分析

经过交流发现，该生对自己的学业有着严格的要求，对未来的发展有着比较详细的规划。虽然该生在学业、实践上取得了一定的成绩，但自我感觉距离目标的实现还存在较人的差距，因此产生了心理焦虑。

综合以上信息发现，此案例反映的是学生学业压力大这一普遍性问题，其本质就是如何适度调节大学生的学业压力，让其身心健康发展。在这个认识的基础上，再对案例进行详细的分析。

❶认识偏差问题。该生对大学生就业难的现状过分解读，认为毕业即失业，因此强迫自己提高各方面的能力，造成了学业上的巨大压力。这是最主要的一个问题。

❷学习能力、态度问题。该生大二下学期才通过英语四级，计算机二级已报考过两次均未及格，说明该生对待这些考试的态度存在一些问题，或者是这方面的能力稍有欠缺。

❸时间规划的问题。该生现面临着各科期末考试、实验以及报告、竞赛与其他考试等时间冲突、紧迫的问题，自己无法妥善规划复习准备时间。这是第三个问题。

❹竞争压力的问题。该生所在专业同学均刻苦学习、综合能力较强、竞赛表现突出，该生从中感受到了较大的压力。这是最后一个有待解决的问题。

三、案例处置

针对该生出现的学业压力较大、焦虑过甚、无法找到合适的方法调节自己的情况，辅导员结合自身过去的学习工作经历给予了她一些建议，让该生对未来有一个更明确的规划，同时调节自己的心理状态，更好地面对生活与工作。

❶权衡利弊、科学合理安排时间。该生提到自己面临着期末各科考试、实验以及报告、竞赛、其他考试等时间冲突、紧迫的问题，因此该生需要权衡利弊，综合考虑现阶段各项任务的重要性、实现可能性等。此外，还要理顺时间线，科学合理规划自己的时间，最大化利用时间。

❷认识自我，正确看待竞争。该生所在专业同学均刻苦学习、综合能力较强、竞赛表现突出，经过对比，该生感受到了较大的压力。针对该项问题，该生应该清晰地认识到每个个体的差异以及自己的目标、能力等与他人的不同，对自己的要求应该以个人规划为主，而不是盲从、与他人较劲儿。同时该生也要认识到竞争所带来的优劣势，适当取舍方能长久。

❸明确未来规划，正确看待就业。该生在心理上对大学生就业难的现状过分解读，认为毕业即失业。该生应明确自己的就业目标，分析其目标工作的就业形势，辅导员可针对其今后的努力方向给出一些意见。

❹明确学习规划，积极地自我暗示。该生在大型考试时总是过度紧张，不能很好地发挥真实水平，以及针对某些考试科目自己没有明确清晰的学习计划，导致考试失利。盲目学习只会浪费时间和精力、成本极高。针对考试，该生要事先有一个明确的学习规划，按部就班地复习，注重劳逸结合，提高学习效率。考试时给自己积极的心理暗示，缓解紧张焦虑的情绪，稳定发挥。

四、案例效果

通过面对面的交流沟通，引导该生对自己存在的问题有了更加清晰的认识，并且针对该生的情况适当地提出了一些建议，目前该生的情况较前阶段有了较明显的改善。

❶生活情况得到了较好的改善。在经过相对专业的心理疏导后，该生因学业压力过大而产生的失眠焦虑问题得到了改善。

❷合理分配时间，专业学习、竞赛一起抓。规划清晰的时间线，找准复习备考之余可以参加的竞赛，分秒必争，充实自己。该生在期末备考、实验之余，积极参加学校举办的党史知识竞赛，获得了团队一等奖。

❸ 积极心理暗示，正确看待竞争关系。该生之前由于专业同学之间较激烈的竞争关系，以及对自己的现状不满而苦恼。经过积极的疏导调适，该生目前对同学竞争关系有了新的认识，并将其转化为提升自我能力的动力。

❹ 明确未来目标，为之奋斗。经过开导，该生对本专业就业前景有了新的认识。此外，经过对自我的剖析，该生明确了未来的发展方向，并决心努力奋斗。

五、案例启示

❶ 不能忽视压力问题，及时引导学生缓解压力。大学生普遍感受到学业、人际交往和竞争关系等带来的压力，也许一个方面的压力影响很小，但"千里之堤，溃于蚁穴"，多方面的压力会对学生造成较严重的困扰。辅导员应该重视学生的压力问题，及时恰当地引导才有助于学生的健康全面发展。

❷ 关心学生，走近学生。心理问题难以觉察，学生自己可能会因为各种原因而忽视或者难以启口，作为辅导员要深切关怀学生，及时察觉可能出现的心理危机并采取干预措施，避免学生因一念之差而发生严重后果。

❸ 关注学生就业问题，适当提供指导。学生大学毕业一般面临几个选择：就业、考研、出国留学等。毫无疑问，这几个选择皆会带来较大的竞争压力，需要学生自己付出难以想象的努力。在这一艰难的过程中，学生很容易因压力过大而产生一些心理或身体上的问题，这就需要辅导员密切关注学生情况，积极引导。

在混沌下寻找灯塔的方向

——学生出现考试焦虑怎么办

一、案例概述

　　小薇是财务管理专业大三年级学生。该专业学科课程难度大，平时需要上交的作业也很多，大多跟账簿相关，并且科任老师对作业质量的要求也较高，小薇往往需要花费较多的课外时间来完成任务，几乎没有自己的业余时间。

　　室友与她不同专业，平时无法共同讨论学习中遇到的困惑与难题。作息时间的不同也导致小薇与室友的关系渐渐疏远，每天说不上几句话，有时小薇回到寝室时，室友已经休息，而小薇还要继续未完成的作业。临近期末，小薇面对一科接着一科的考试感到焦虑难安，有的科目还是在同一天，特别是有些老师说全书都要复习的时候，小薇更加心急如焚，不知道从哪里开始复习、如何复习。当小薇强迫自己看书时，却始终静不下心来，一会儿想到离考试时间越来越近，还有好多都没复习到，一会儿又被室友闲聊的内容吸引。时间稍纵即逝，到了晚上休息时间，小薇觉得自己复习的内容不够，总会熬夜看书到半夜，第二天又会早起继续复习，周而复始，小薇的精神状态越来越差，复习的效率也越来越低下。室友也逐渐因小薇的作息经常影响到她们休息而感到不满。小薇感到很无奈和郁闷，所以她决定寻求辅导员的帮助。

二、案例分析

　　通过与小薇深入的交谈，辅导员了解到该生当初是听从父母的安排转到本专业的。作为家中唯一大学生，该生被父母寄予较高期望，该生父母希望该生在校期间认真刻苦学习，未来就业有前途，而且主要通过期末成绩来判断其努力程度，时常与邻居孩子成绩作比较。该生不仅要弥补大一落下的课程，还要紧跟专业进度，每学期课程任务繁重，每天投入大量时间学习，严格要求自己。

综合以上信息，此案例反映了大学生的普遍问题，即在父母的压力下如何正确地处理考试焦虑。以下几点是对本案例具体分析后发现该生存在的问题。

❶父母过高的期望与自身能力的差距问题。父母没有考虑到该生如今的学习处境，只是一味通过成绩来评判该生在校是否认真学习，希望每科成绩都能无限接近满分，在无形之中给予该生巨大的压力。

❷与人交际、沟通问题。该生面对父母的对比和对成绩的过度在意，没有正确地提出父母的问题，以及未与室友进行沟通，进行适度的倾诉，寻求理解与包容。

❸课程规划、学习效率问题。面对大量的课程，该生应该合理规划每学期所学科目，均衡完成学习任务。当然还要注意如何提高效率，不能只注重数量问题，质量方面也是关键。将节约的时间投入其他感兴趣的事情中，提升自己的综合能力。

三、案例处置

对于该生面对接踵而来的考试而感到无比焦虑的情况，在详细了解之后，辅导员结合自己的生活经验以及工作经历对其提出以下几点建议：

❶与父母进行深入的沟通，告知父母自己的实际学习情况。由于该生提到过自己的父母十分重视自己的期末成绩，对该生造成巨大的压力，建议其耐心向父母解释大学不再像高中一样只注重成绩的提高，自己需要德智体美劳全面发展，并告诉父母想培养的兴趣爱好，获得父母的支持。

❷提升人际交往能力，与室友和谐相处。因为专业不同，学习任务繁重，该生与室友休息时间不可避免会有冲突，从而引起室友的不满与抱怨。该生应注意与室友相处方法，及时解开彼此存在的误会，大多数情况下，室

友还是会理解的，不要让关系继续恶化，共同营造温馨的寝室氛围。

❸合理安排学习计划，提高效率。转专业之后，该生落后较多课程，虽然学习进度差距大，若该生合理规划每学期课程，逐渐就能追赶上，且通过对以往考试的总结，找到期末考试出题规律，能够快速提高复习效率，从容应对考试。

❹放平心态，化解焦虑。考试科目的繁多以及时间的紧凑，让该生在高压之下逐渐产生烦躁、郁闷情绪，该生需要及时调节自己的情绪，通过与他人倾诉或者尝试运动、睡眠等方式达到放松效果。

四、案例效果

经过与该生悉心交谈，该生结合自己的具体情况，实践了辅导员针对存在的问题提出的一些建议和方法，情况改善了不少。

❶心理压力减轻，心态逐渐平缓。该生与父母进行了深入的沟通，告知父母内心的压力，父母认识到自己的错误思想，转变过于看重成绩的态度，并支持该生在大学生活中多去尝试各种新鲜的事物，培养自己各方面能力。该生面对期末考试不再过度焦虑，也让自己有了更多的课余时间去学习其他东西，有了更多的兴趣爱好，对未来的生活充满了向往。

❷交往能力提高，与室友关系缓和。之前该生与室友作息时间冲突，导致彼此关系紧张，该生感到无奈与纠结。通过辅导员的疏导，该生慢慢找到与室友更好的相处办法，寝室氛围变得温馨起来，在遇到难题时互相鼓励。这也让该生意识到人际交往的重要性，努力学习如何更好地与他人相处。

❸计划明晰，学习效率显著提高。因为转专业，该生学科任务比其他同学较重，期末考试科目也较多，经过合理安排计划后，该生把需补科目均衡到每一学期，减轻了学习压力，同时也总结出一些考试规律，复习效率提高，不再过度焦虑。

五、案例启示

❶精准定位焦虑缘由，释放内心压力。学生家长在意成绩是一种正常

现象，但应该考虑学生自身能力，不应该过高要求，让学生承受巨大压力，使其感到焦虑难安从而产生不好的后果。同时学生应该保持清醒的认识，及时与家长沟通，获得长辈的理解，努力学习，以积极乐观的心态面对考试，获得满意的效果。

❷重视人际交往能力，提升自信。沟通是一门艺术，带来的效果远不止于传达信息，例如消除误会、增进感情、获得更多的机会等等。学生善于与他人交往对于未来进入社会有很大帮助，容易给人留下好印象，获得更多人的认可与赞扬，因此学生不仅要认真学习书本上的理论知识，还要培养表达、社交等各方面能力，不断提升自信，培养面对一切困境的勇气。

❸时间管理，弹性计划。时间如白驹过隙，一不小心就会从身边溜走，青春尤其短暂，是奋斗拼搏的阶段，应该做一些更有意义的事情。学生应该客观分析自己的状况，明确自己的定位，树立清晰的人生目标，科学管理时间，制定弹性计划，让学习和生活井然有序。

案例7-3

融入新集体　找到新价值

——退伍学生无法适应大学生活怎么办

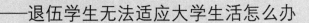

一、案例概述

　　小 H 曾是一名大学生士兵，退役复学后，看到自己以前的同学纷纷毕业走进了工作岗位，开始挣钱独立生活，而自己却还在大学继续学业，两相对比心里不免感到一阵焦虑，对于学习的积极性也降低了。加之以前还有挂科的课程没有补上，更让他感到十分烦躁。其次还需要他融入一个新的班集体，这对于他来说也是一个不小的挑战。毕竟大学校园和军营是两种截然不同的氛围，有时候感觉自己有很多话想倾诉但是没有一个合适的对象，感觉自己与校园脱节严重。除此之外，原来熟悉的同学和朋友也都已毕业，由于年龄与经历的差异，跟现在所在班同学之间相处困难，苦恼无处倾诉。除此以外，两年的学习断层让他感觉上课也比较吃力，不太适应。最重要的是他自己以前所学习的专业在他返校复学后因为种种原因停止招生了，他不得不换个专业进行学习，重新补上大量基础课程，学习新的课程的前提下还要重修原有课程导致力不从心，较多难度大的课程不知从何下手，学习压力很大，对学习的态度也从最初的信心满满慢慢转变成厌恶。对此，他不知如何走出困境，更好地适应复学后生活、学习，于是寻求辅导员的帮助。

二、案例分析

　　经过交流发现，该生退伍返校以后，面对一个新的环境，出现了许多不适应的情况，并且没能得到及时疏导排解，已经比较严重地影响到正常学习的展开，还有可能对其心理带来一定负面影响。

此案例反映了退伍大学生的普遍适应性问题，本质在于如何促进其身份转变。在这个认识的基础上，再对案例进行详细分析。

❶学业的困难。大学生在参军入伍的两年时间内，基本上都在进行军事化训练和执行勤务，很少会有时间用来学习专业知识。经历两年的部队生活，退役大学生重新回到校园，一方面很容易遗忘入伍前所学的专业知识，另一方面也存在学校课程调整、内容变化造成自身知识体系混乱等情况。这些都会导致退役大学生复学后成绩不理想，学习积极性降低，出现畏难情绪，努力了但成绩没有提高的退役学生甚至会产生厌学心理。

❷人际交往的困难。大学生在部队两年时间里人际交往比较简单，多为战友之间的感情。退役复学后，往往要插入到新的班级、新的宿舍，一方面，新的班级、新的宿舍的同学已形成固定的交际圈。另一方面，新的同学年龄普遍偏小，互相了解偏少，往往会遇到缺少共同语言、难以交流等问题。加上入伍前的老同学普遍已经毕业或者即将毕业，经过两年的分别，共同语言减少。这时候退役士兵往往会遇到人际交往方面的困难，很难结交到新的朋友，可能会出现退役士兵抱团现象，严重的甚至会引发心理健康问题。

❸角色转变的困难。大学生在部队的身份是士兵，周围的人是战友，有着类似需要一切命令听指挥的要求，他们习惯了简单、朴素的生活。重新回到校园，他们在学校的身份是学生，身边是同学和老师，校园生活丰富多彩，老师们讲课形式多样，这些都和部队有着巨大的不同。因此，当他们重新面对大学生活时，会面临角色转变的困难。

三、案例处置

针对该生退役复学后存在的校园适应与融入问题，辅导员结合自身工作经验给他提出了建议，具体是：

❶组织班级活动。班级活动是增强班级同学交流的有力手段，退役复学大学生难以适应学校生活的一个原因就是人际交往的困难。可以通过组织

主题活动，增强退役大学生和班级同学的交流。比如，在进行爱国教育的时候，可以邀请班里的退役大学生分享部队生活和趣事，帮助退役士兵融入班集体。

❷缓解学习压力。很多退役大学生学习遇到问题是因为经过两年的部队生活，知识体系出现断层，再加上学校一些课程的调整。应该帮助他们根据现有的知识水平制订相应的学习计划，循序渐进，减少因为一段时间跟不上学习进度而产生的焦虑。另一方面，可以邀请班内学习成绩较好并且乐于助人的同学和退伍大学生结对子，让这些同学帮助退役大学生学习的同时，也帮助他们更好地融入班级。同时，也可以和任课老师进行积极的沟通，向任课老师说明退役大学生存在的困难，和任课老师一起帮助学生克服学习上的畏难情绪，努力弥补落下的学业，解决适应困难的问题。

❸发挥入伍经历优势。退役大学生经过两年部队生活的磨砺，变得更加有责任心。可以选择退役大学生在征兵季作为宣传员，发挥他们的主观能动性和模范带头作用。一方面，他们对部队生活和政策都非常了解，可以解答一些学校征兵人员不能解答的部队日常生活方面的问题，通过他们的宣传吸引更多同学参军入伍。另一方面，这些方式可以增强退役大学生和学校的联系，增强他们的归属感。同时，也能利用每次和退役大学生交流工作的机会，及时发现他们遇到的新问题，以及心理变化，及时解决和疏导。

四、案例效果

经过一段时间与该生谈心谈话后，该生也明白了自己所处困境，同时听取了辅导员在谈话过程中为其解决问题和困境提出的一些建议，目前该生的状态已有所好转。

❶人际关系和谐，学习成绩进步。该生转变消极心态，慢慢地改变了与周围同学的交流方式，积极主动参与同学们的学业讨论、集体活动，很好地融入了班级。该生克服畏难心理，一点一滴从基础学起，发挥吃苦耐劳的精神，学习勤奋刻苦，最终获得一等奖学金。

❷发挥先锋模范作用。在真正融入班集体后，该生身上的正能量也传递给了班里的其他的同学，对于一些上课缺勤的同学，现身说法，做同学的

思想工作，带动周围同学共同学习进步，积极参加各类校园活动，使一些有厌学情绪的同学认识到学好专业课的重要性，对班风学风建设起到很好的推动作用。该生还结合亲身经历和感受，从理想信念、时代担当、青年责任等多角度多层面，发表自己对国防建设的理解和思考，宣扬大学生积极参与国防宣传的意义与价值，有利于培育大学生的家国情怀。

五、案例启示

❶ 退伍大学生，他们经历过绿色军营的洗礼，他们的人生阅历会更丰富，但大部分退伍学生的思想依然不够成熟，从军营回到校园，依然会和新生一样，产生复学不适应的问题。思想、环境、专业、学习的改变，会对学生的心理、生活等方面造成压力。作为辅导员，需要在学生出现类似问题的时候及时干预指导，传授沟通和交流的方式方法，给予温暖的鼓励关怀，提升学生对学业、人际、生活等方面的认识，帮助学生明确学习的规划与发展方向。

❷ 其实小 H 遇到的最关键问题还是没分清部队和学校管理方式上的差异，学生的初衷一定是积极向上的，只是在沟通的方式方法上运用得不恰当。只要辅导员及时进行疏导，向学生传授与同学沟通的技巧和方法，问题就可以得到解决。

❸ 思想政治工作，必须建立在和学生充分交流的基础上，想其所想，急其所急，工作才能走深走实，每个大学生的问题都不一样，一人一策，对症下药才能最终解决好他们的思想问题。

案例7-4

改进方法　劳逸结合　超越自己

——学生因课业压力大怀疑自己怎么办

一、案例概述

大二学生小方，原本性格非常开朗，但是最近一直郁郁寡欢，整个人非常沮丧。原因是自本学期开始，上课听老师讲课听不懂，下课自己看PPT也没有效果，一开始学习就犯困，总是看着专业书走神，而且老师布置的作业基本上没有一道题会做。小方很是焦急，开始自暴自弃，每次拿着书本就会产生一种极强的抵触情绪，导致没有学习的积极性，作业总是不能按时完成，对所学课程有极大的意见，促使这种状态进一步恶性循环。特别是临近期末考试周，他因为基础知识不牢固，学习起来事倍功半，效率异常低下，一直处于急躁、沮丧和自我否定的情绪中，小方觉得自己不适合读书，快要被学习搞抑郁了，同时因为学习上的焦虑和压力导致他整天郁郁寡欢，每天都在思考自己究竟是怎么了，自己是不是应该辍学，他的日常生活也受到了很大影响，对任何事物都提不起兴趣，也不想参与任何活动。因为实在没办法对自己的状态和心理进行调节，他心急如焚地找到辅导员寻求指导和帮助。

二、案例分析

经过交流发现，小方成绩良好，平时对学习就过于看重，认为自己的主要任务就是学习，父母对他的期望也很高，希望他能在大学四年里名列前茅，争取在毕业后继续深造。小方把学习放在了第一位，很少参加学校的各种活动，也没在班级里面担任任何职务。他对取得好成绩过于执着，会因为某一次考试失利而大受打击。

综合以上信息发现，此案例反映的是在校大学生对考试焦虑的普遍性问题，其本质就是如何看待考试成绩以及处理考试焦虑。在这个基础上，再对案例进行详细分析。

❶对考试成绩认知偏差问题。该生对考试结果太过于看重，导致自己给自己增添了许多压力，以至于一到考试，他就会出现焦虑，甚至会提前半个月就开始紧张，有时候考试结束了也不能很快地从这种情绪中恢复过来。

❷心理素质问题。该生现在主要是不能解决考试带来的负面情绪，同时伴随着他的家人、同学、朋友有意无意地施压，该生的身体状况和心理健康都出现了或大或小的问题。特别是他不参与学习以外的任何活动，身体状况不好的情况下，压力一大，心理素质又不高，更容易使他焦虑急躁怀疑自己。这个是需要着重解决的方面。

❸学习方法问题。在学习的过程中，除了需要考虑时间精力的投入，还需要思考效率问题。该生没找到适合自身的学习方法，效率低下，进一步打击了学习的积极性。如何使学习进入一个良性循环，这是第三个亟待解决的事情。

三、案例处置

针对该生出现的考试焦虑，甚至影响心理健康及日常生活的情况，辅导员结合自身的工作经验给予了他一些建议。具体是：

❶与父母和朋友交流，调节降低压力。该生父母对他期望很高，朋友之间的相互比较都是增加其压力的原因。建议他与父母多沟通交流，让父母了解自己的实际情况和处境，适当降低期望减少压力。同时尽量不与同学朋友形成恶性竞争关系。正确看待自己的考试成绩，分数本身只是一个数字，不能完全体现学习情况，不能"唯分数论"，比成绩更重要的是不断反思总结，积累知识，不断成长进步。

❷进行积极的心理暗示，多出去户外锻炼。积极的自我想象能唤起人

的良好情绪，增强心理素质。学生在复习过程中，在进入考场的时候可运用积极的自我想象，唤醒和强化自己的良好情绪，防止消极情绪的产生。可以根据自己的情况和过去的经验选择积极自我想象的内容。同时，运动能够让全身放松，增强体质，还可以帮助调节紧张情绪，身体健康和心理健康相辅相成、互相促进。

❸ 寻找适合自己的学习方法。工欲善其事，必先利其器。学习方法是否合适是学习效率高低的重要原因。首先，学习时要全神贯注，学习的时候认真学，玩的时候痛快玩。一天到晚伏案苦读，不是良策。其次，学习要主动，只有积极主动地学习，才能感受到学习的乐趣，才能形成良性循环。最后，要学会归纳总结，知识都有框架，只有对知识点系统总结并有深刻认识后，才会形成自己的知识体系，由此达到融会贯通的程度。总而言之，要想学习好，必须拥有适合自己的方法。

四、案例效果

经过一段时间与该生的谈心谈话，该生也明白了自己所处困境，同时实践了辅导员在谈话过程中为该生解决问题和困境提出的一些建议，目前该生的状态已有所好转。

❶ 该生与父母达成一致，压力得到了控制。在降低父母期望之后，该生燃起了对学习的兴趣而且学会了凡事量力而行，在适当的压力下该生表现得更加积极。明白了自己的目标之后，他不再盲目地与同学"内卷"，只以自己作为主要参照物，获得了巨大的成就感。

❷ 学习积极性提高，学习目标明确。因为明白了身体健康对自身发展的重要性，他注重学习的同时每周抽出足够的时间去运动，在加强身体素质的同时心情愉悦，使得该生在学习方面也有所进步。在课堂上能够积极主动回答老师的问题，找到学科学习的重点，也能够按时且高质量地完成老师布置的任务。

❸ 适合的方法使得学习事半功倍。该生听取了建议，注重知识基础，逐章总结，对学习的科目形成了健全的知识体系。在增加知识储备的同时学以致用，学习效率成倍提高。

五、案例启示

❶正确区分盲目焦虑和适当压力。前者是大学生之间比较常见的心理困扰，每到期末考试周都有一些学生由于过度焦虑出现思维迟缓、记忆能力下降的情况。后者却可以提高做事效率，它能使学生集中精力去完成一项具有挑战性的任务，同时适当的压力可以保持自身的谨慎能促使更好地发挥。

❷身心健康的学习才可持续。这两者之间有着密切联系，如果没有身心健康就不会有学习效率。如果通过熬夜、不运动挤出时间学习，最终一定不会达到预期的目标。保证自己身体与心理都健康才能长期保持良好的学习效果。

❸运用科学的方法使得学习事半功倍，减少学习焦虑感。科学的学习方法大致包括：匹配合适的目标（建立恰当的期望）、学会深度学习、建立自己的认知系统、及时正向反馈（减少焦虑的主要方法）、合理安排休息（提高学习效率）。关键在于形成一个良性循环，使得学生热爱知识、快乐学习，以从根源上减少学习和考试焦虑。

案例7-5

见贤思齐　见不贤而内自省
——学生出现厌学心理怎么办

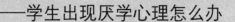

一、案例概述

　　小高，男，2001年9月生。该生平时喜欢篮球、游戏、网络小说，课余喜欢看一些科幻类的书籍，爱好比较广泛。该生喜欢与朋友一起游玩，在性格上偏外向，但对待陌生人时，又有一丝谨慎，对人友好，乐于助人，做事不拘小节。该生家住四川省南充市仪陇县。

　　小高在大一时一直维持着高中的良好学习习惯，上课认真听讲，课后认真完成作业。进入大二，该生适应了大学生活，但由于课程比较集中，上课内容也比较枯燥，导致该生上课开始有些懈怠，对于课后作业也有一点敷衍。在进入大三后，小高与其好友聊天，聊到上学期的期末成绩，发现自己与好友的成绩差不多。虽然小高上课略有懈怠，但是也保持认真听讲的状态，但其好友在上课时却没有认真听讲，一直玩手机，只在期末突击复习一下，期末考试成绩却和小高差不多。于是小高内心开始发生转变，出现了一点厌学心理。在大三上课时不愿认真听讲，时不时开小差或者玩手机，对布置的课后作业也敷衍完成，甚至抄袭他人的作业，向一位真正的"老油条"转变。后来，小高认识到了自己不能虚度光阴，并向辅导员求助。

二、案例分析

　　经过交流发现，小高自小成绩较为优秀，高中学习刻苦，通过自身努力进入大学后，父母对其期望较高，希望小高在大学能够获得较好的成绩，争取考研或者毕业后考取公务员，但是小高对这些并不是很感兴趣。

综合以上信息发现，此情况在学生中较为普遍，其本质就是学习时间与娱乐时间冲突。在这个认识的基础上，再对此案例进行详细分析。

❶ 学习时间和娱乐时间的分配问题。该生在大一课程较少，大二课程变多，导致课后需要用在学习上的时间变多，这使得娱乐时间骤减。小高不能合理分配时间，这是第一个需要解决的问题。

❷ 受周围环境影响。该生周围的环境中，有一部分人属于得过且过型，习惯在课上玩手机，然后在考试前突击复习。当周围很多人都如此时，小高如何避免受到干扰影响，这是需要解决的第二个问题。

❸ 没有目标，对未来感到迷茫。小高在高中时，有明确的目标，并且有较强的自律性，进入大学后，骤降的学习压力和宽松的学习氛围，使小高同学没有了学习压力，再加上小高同学对考研和毕业后考公务员不太感兴趣，导致小高同学没有了奋斗目标，对未来生活没有合理的规划。小高出现了厌学心理，这是需要解决的第三个问题。

三、案例处置

针对该生出现厌学心理的情况，在了解具体情况之后，辅导员结合自身的工作经验给予了他一些建议。具体是：

❶ 制作时间表，合理地分配时间。该生由于课程变多，没有得到足够的娱乐时间，开始在上课时玩手机，并且养成了习惯。建议该生重新合理分配时间，让该生认识到当学习时间与娱乐时间冲突时，应以学业为先，注意劳逸结合。适当娱乐有利于放松身心，但不能利用上课时间娱乐。

❷ 有自己的主见，并向成绩优异的同学学习。该生周围有少许消极学习的人，使得该生受到影响。建议该生有自己的主见，见贤思齐，择善而从，积极向品学兼优的同学学习，接受他们的影响，去了解优秀的人的成功经验，而不应受到消极、不思进取的人的影响，不能人云亦云。

❸ 树立目标，向前看。因为导致该生出现这种情况的原因还包括缺乏目标，所以建议该生可以学习高中时期，树立小目标和大目标，慢慢找回学

习状态，一步一步地进行改正。

❹积极克服消极思想。该生会出现这种问题主要是思想发生了转变，思想开始消沉，就会导致行为发生错误。因此建议该生积极调整思想，努力克服消极氛围、模糊认识造成的各种束缚，戒骄戒躁；不断提高思想境界，以消极怠慢为耻；塑造积极阳光的心态，促使该生充满活力与动力，重新投入工作和学习中。

四、案例效果

经过一段时间与该生的谈心谈话，该生也明白了自己所处困境，同时听取了辅导员在谈话过程中为其解决问题和困境提出的一些建议，目前该生的状态已有所好转。

❶能合理分配时间。该生在听取建议后，制作了时间表，合理分配时间。在上课时控制住了玩手机的欲望，认真听讲。在学习时间占用了娱乐时间时，该生是积极平衡协调，而不是消极应对。

❷能够分辨是非，有自己的主见。该生开始独立思考，有了自己的主见，能够明白自己想要什么，没有继续受周围负能量影响，并且开始向品学兼优的同学学习。

❸学习状态开始有所好转。该生确定考研后，他对自己以后的方向有了清晰的认识，并且在学习过程中也制定了许多小目标以及几个大目标，使得学习状态也有所好转，在学习时能够认真学，学习效率显著提升。

❹思想有了明显的改观。该生听取了建议，转变了自己的思想，从以前的得过且过变成了现在的积极向上、乐观进取，能以最饱满的热情去学习，特别是当出现学习焦虑等思想问题时，能够自觉及时调整。

五、案例启示

❶正确认识娱乐与学习之间的关系。学习和娱乐是相辅相成的两个部分，如果只学习，没有娱乐，这是不合理的；但如果只娱乐，不学习，也是本末倒置了。在大学里，这二者不是互相矛盾的东西，反而有相互促进的作

用。当学习疲累后，适当的娱乐有利于舒缓疲劳，提高学习效率。但是需要分清楚主次，大学期间主要任务是学习，在掌握扎实的专业知识和技能之余，才可以适度娱乐，切记不能好逸恶劳。

❷树立目标，合理计划。学生会生出厌学心理，主要是因为娱乐时间与学习时间没有平衡好，并且对未来的人生之路也缺乏具体的规划，导致学生日渐颓废。有了目标，便可以朝目标奋进；有了计划，便可以使目标更合理、更轻松地实现。所以学生需树立合理的目标，再制订合理的计划，摆脱颓废，砥砺前行。

❸精神独立，摆脱环境桎梏。在大学里，由于没有高考这一压力，再加上大学的氛围轻松，许多人便失去学习的欲望。面对这样的情况，学生需要有自己的主见，不被消极的环境影响，不能看着身边少许同学失去求知的欲望，沉迷玩乐后，自己也随之效仿。在鱼龙混杂的大学环境，大学生必须独立思考，不能随波逐流，坚守自我，自立自强。

❹加强思想建设，注重情绪管理。在大学，很多人都会出现由于学习困难，开始出现急躁、不愿意学习等一系列思想问题。所以需要加强思想建设，管理好自己的情绪，培养积极乐观的心态和持之以恒的耐心、毅力，戒骄戒躁，学习才会更加有效。

脚踏实地　达成目标

——学生总是达不到预期，导致心里焦虑怎么办

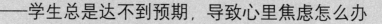

一、案例概述

小王，男，2000年11月生。该学生平时喜欢看科幻书籍，爱好诗文，喜欢打球。生活中，喜欢交朋友，乐于助人，待人真诚，很容易和同学建立友谊。

该生高考的成绩并不是很理想，只是一般水平，该生知道自己高中没有好好学习，到了大学准备改变自己，规划好自己的学业，制定并完成学习计划，一点一点改变自己，在毕业的时候取得理想的进步与成长。理想总是很美好的，但是小王发现每次自己制定学习计划之后，总是难以完成。自己设想的目标和最终的结果总是有差别，甚至有的时候大相径庭。大一时，小王第一次全国大学英语四级考试都没有通过，直到大二才通过，报考计算机二级也是没有一次性考过。小王升入大三后发现毕业的时间越来越近，人也越来越紧张，他叹息：临近毕业了，还是什么都没有完成，什么都没有提高，制定的目标也离自己越来越远。随着社会就业压力的增大，面对父母对自己的高期望，小王变得焦虑，焦虑使得完成计划的时候分心，计划完不成更加焦虑。面对如此恶性循环，小王实在不知道怎么办，决定寻求辅导员的帮助。

二、案例分析

辅导员与该生交流后发现，该生父母对他的期望很大，高考成绩不是很好的他，决定大学努力学习，弥补以前的失利。进入大学之后，该生制定了很多计划，而且目标都定得很高，有的完成了，自然是皆大欢喜；有的却没有完成，没有完成时就会导致内心感到挫折、焦虑，从而影响专心完成下一个目标。

从上述信息可以得知，此现象其实是很多学生共同存在的问题，其本质就是没有正确面对家人和自己的期望，以及由于错误估计自身能力而导致的焦虑。在此基础上，对该案例进行详细分析。

❶错误认识家人和自己的期望。小王过于重视家人的期望、期待，只注重期望的结果，而不去想过程要怎么完成；制定的目标太大，没有根据自己的实际情况调整，完成起来比较困难，不容易实现。如何正视自己和家长的期望是第一个要重点关注的问题。

❷没有清晰认识自己的能力。小王对自己目前定位不清，自我了解不足，无法脚踏实地地制定可行计划，没有能力去完成自己制定的计划。如何全面地了解自己，客观评估自己的能力、特点是第二个要解决的问题。

❸没有达到目标感到压力大。小王没有达到目标而产生情绪是正常的事情，但是如果没有正确地处理，那么本来可能成为动力的情绪就会变成压力，压得学生喘不过气。如何正确缓解没有完成目标的压力是第三个有待处理的问题。

三、案例处理

对于该生生活中出现的这种问题以及心理，进行一段时间的沟通了解后，辅导员结合自己的一些学习和生活经验给予了他一些建议，具体如下：

❶正视家长期望。家长对学生的期望是希望学生更好地成长，以后可以更好地生活，并不是为了施加压力。小王应该与家长及时沟通交流想法，与家长一起根据实际情况来制定自己的目标。源于家庭的期望应该是激励学生不断成长、前进的不竭动力，而不是成为让学生找不到方向、感到压力的负面影响。

❷正确认知自己的能力。尺有所短，寸有所长，每个人的能力都是有限的，每个人也都有自己擅长的。要正确认识自己的不足并且勇于承认并接

受缺点，找到自己的优点与特长，才能全面地了解自己。对自己有充分了解，才能合理规划自己的人生。

❸合理对待压力。对于没有达到的目标，要客观冷静分析没有达到的原因是什么，是由于能力不足还是自己的懈怠，根据原因做出相应的改进。有压力是好事，合适的压力是前进的助推力，但是压力过大则会起到相反的效果。如果自己不能很好地释放压力，建议小王去学校的心理咨询中心，可以让专业的心理教师帮助自己缓解压力。

四、案例效果

经过一段时间与小王的谈心谈话，小王也明白了自己所处困境，同时听取了辅导员在谈话过程中为其解决问题和走出困境提出的一些建议，心理压力减少很多，学习生活也回归正轨。

❶与家长进行沟通，达成共识。通过与家长的谈话，小王不仅与家长的目标达成一致，并且家长希望小王可以根据自己的想法、爱好、能力设立更适合自己的目标，而不是一味地考虑家长的期望。家长会支持小王对自己未来合理的规划。

❷敢于面对自己能力的不足，正视自我。小王发现自己确实有些事情难以做到，也觉得不能为了证明自己而一味满足他人对优秀的期待。对自己有了解之后，小王开始不再强烈要求自己一定要达到什么样的高度，做成什么事情。而是根据自己实际的需求，确定目标。

❸正确对待目标，合理对待压力。对于没有完成的目标，小王现在以积极、正面的心态去面对。首先会分析目标制定的合理性，然后对于没有完成目标的原因进行总结，找出问题真正的关键在哪里，思考如何去解决关键性问题，为今后达成目标奠定基础。而不是对于没有完成的事情灰心丧气、焦虑。

五、案例启示

❶孩子与家长之间要做好沟通。作为子女应该明白：家长的殷切希望，

是为了让子女更好地成长，希望子女可以生活得更好。学生应该与家长多交流，了解彼此内心的想法，根据实际情况，一起制定未来的目标。

❷应该正确、客观、全面地认识自己。要从理性的角度分析、了解自己的优点与缺点，要学会发挥特长，补足短板，而不是一味地去追求自己不擅长、不感兴趣的事情。要学会根据自己的特点、喜好，制定未来的目标，根据目标规划自己的人生，而非随波逐流。

❸正视压力，压力是一把双刃剑。它既可以让人提振精神，奋勇前进，更好地完成目标；也可以使人焦虑分心，把人压得喘不过气，导致什么事情都完不成。要学会分析压力的来源，找到解决问题的最有效的办法，达到标本兼治的效果。

第八部分

人际关系篇

案例8-1

以爱心、耐心引导大学生素质提升

——大学图书馆总是有人占座怎么办

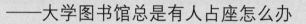

一、案例概述

　　大三的小王同学经常会在闲暇时间去图书馆学习，但每次到了图书馆后，总是会因为找不到位置而从一楼走到三楼四楼，走了很久才能找到位置。原因不是别的，而是许多位置上并没有人，但桌子上有东西——书本、水杯、纸巾、小毯子等等学习用品甚至生活用品。这种现象会让人觉得那个位置是有人的，只是临时有事离开一小会儿，但让小王觉得难理解的是直到他离开，也没能有机会见见那些"爱学习"的同学，而自己每次找到的位置不是靠近厕所就是靠近热水器的，充斥着厕所刺鼻的味道和接水的噪声。久而久之，他便不想再去图书馆学习了，但是在宿舍、食堂等地方学习又总是会受到影响。对此，小王感到非常苦恼，他认为图书馆应该是一个公共场合，但是目前有些同学占座的自私行为已经影响到其他同学的使用了，而学校并没有采取很有用的解决措施。想了很久，小王还是决定将此事告诉辅导员，想要从辅导员处寻找到解决办法。

二、案例分析

　　在与小王进行沟通之后，了解到虽然小王在平时的学习中很认真且用功，但在学习中取得的成绩总是不尽如人意，因为平时在课堂上很难跟上老师的讲课节奏，于是只有在课后花费更多的时间去学习。小王积极进取，希望通过自己的努力取得优异的成绩，但在课后的学习中总是集中不了注意力，只有在图书馆那样学习氛围浓厚的地方学习才能有所成效。

综上信息发现，小王同学的本质问题在于如何找到适合自己的学习方法与学习态度，提高学习效率。在此基础上，辅导员再对案例成因进行更为详细的分析。

❶学生学习方法不当。该生不清楚最适合自己的学习方法，学习效率低，以至于在课堂上跟不上老师的节奏，需要在课后花费大量时间学习原本应该在课堂上掌握的知识。

❷学习态度问题。该生在学习时，带着很大的精神压力，导致其在学习过程中对环境要求较高，不能很好地集中自己的注意力，甚至对其情绪及学习态度等方面产生不良影响。

❸与同学和图书馆管理人员的沟通问题。在看到图书馆占位现象时，没有及时向图书馆相关人员反映，占位问题未得到解决，自己也没能找到占位同学协商解决。

三、案例处置

针对该生发现的图书馆占座的现象及该生学业方面的困难，辅导员了解具体的情况后，结合自身经验，提出以下意见：

❶找到适合的学习方法。在不清楚最适合自己的学习方法时，可以多多与班上学习成绩好的同学沟通交流，了解其学习方法，可以在借鉴的同时找到适合自己的学习方法。

❷调整自己的学习态度。该生在学习时，带着很大的精神压力，导致其在学习过程中对环境要求较高。应该让该生意识到学习是一件提升自我的事情，是一件可以让我们体会到乐趣的事情，提高学习的主动性，增强求知欲，降低学习环境对其学习态度的影响，还可以在平时进行一些体育锻炼，缓解焦虑情绪。

❸与占座同学和图书馆管理人员进行礼貌沟通。在看见占座的行为时，可以进行适当且礼貌的劝说，同时向图书馆管理员反映情况，有效减少此类情况的发生。

四、案例效果

经过和小王同学的沟通与交流，小王同学也明白了自己所面临的问题，同时听取了辅导员在谈话过程中为其解决问题和困境提出的一些建议，目前该生的状态已有所好转。

❶ 找到了更适合自己的学习方法。小王同学在听取建议后，与班上成绩优异的同学沟通交流，了解到好多同学都有课前预习的习惯，小王同学开始尝试在课前预习，课堂上能够跟上老师的节奏，学习效率得到提高。

❷ 学习态度的转变。因为找到了适合自己的学习方法，课业带给小王同学的压力减轻不少，小王同学在体会到学习乐趣的同时，也有了更多的时间去进行其他的课外活动。该生学习能力提升的同时，组织能力、协调能力等多方面都得以提升。

❸ 图书馆占座现象有所好转。在小王同学与图书馆管理员沟通之后，管理员在图书馆各处张贴了"禁止占座"的标识，且会在每天晚上闭馆之后定时清理馆内书桌桌面，同学们的规则意识得以增强，座位利用率大大提高。

五、案例启示

❶ 发现学生问题的根本所在。在与同学沟通时，不能只注意到表面现象，还要与学生进行深入沟通，了解学生内心动态和真实处境，找到问题根源所在，才能给学生提出科学有效的意见。学生也能对自身有更加清晰的认知，找到自己所面临问题的核心，这样才能有效地解决问题。

❷ 结合学生的真实处境给出解决方案。站在学生的角度考虑问题，对于学生所面临的问题和处境要予以充分的理解，再根据自身经验给出科学有效的建议。此外，还可以建议学生从多角度看待问题，发散自己的思维，使其辩证思维能力得以提升。

❸ 善于观察。在与学生沟通之时，不仅要听得投入，还应观察学生的精神状态，更有必要通过其他途径了解学生处境，而非仅仅就学生提出的问题予以重视，应发现学生潜在的其他问题并及时解决，注重学生身心健康全面发展。

深入交流　相互理解　打开心扉
——学生放假后不愿离校怎么办

一、案例概述

张同学，男，2001年2月生。该生平时喜欢打游戏、听音乐、看小说、参加各类志愿服务活动等，同时还参加了学院学生会，是其部门的优秀干事之一。该生平时不爱出门，除了上课和参加活动，其余时间基本在寝室度过。据了解，该生从小随外婆以及表哥居住，父母常年在外务工，很少回家。

上大学以来，张同学很少回家，平时也很少与父母交流，节假日期间也常常在寝室度过。该生很少参加寝室集体活动，参加班级活动更是少之又少。2020年的寒假期间，该生放假后一直不回家，留在学校生活。在距除夕夜仅7天时，该生才回到外公家。此时，其父母仍旧在外地务工，尚未回家。年后没几天，该生便早早返校，未与家人共同过年。返校后，该生独自一人，不愿与人交流。2021年暑假期间，该生提前半月返回学校，之后再未回家。该生看着周围室友经常与家人打电话，节假日纷纷回家，寝室只有自己一个人，内心有些触动，他意识到自己应该主动打开家庭关系的心结，但是他不知道如何告诉父母自己的真实想法，所以他决定寻求辅导员的帮助。

二、案例分析

经与该生交流后发现，其家庭情况比预想的严重，给该生造成了很大的心理问题。该生从小寄养在外公家中。因父母承诺回家陪伴却食言，该生对父母产生埋怨，自此便有了放假不想回家的想法。随着时间的推移，该生家庭矛盾逐渐加深。在交谈中，该生也向辅导员说出了其原生家庭问题，其本质为未跟长辈及时诉说心中的想法，才导致家庭矛盾逐渐加深。总结下来，大致为以下内容。

❶该生常年受到其家庭不公平待遇。在其外公家中，并不只有一个孩子，还有其舅舅的孩子——张同学的表哥。表哥与张同学年龄相仿，但却得到该生外公更多的偏爱。这是后面该生与家庭产生矛盾的重要原因。

❷父母常年在外，该生从小就未得到应有的关爱。在该生的成长过程中，一直处于缺乏关爱的状态。校园内受到其他同学的欺负时，回家不能同父母诉说，在外公家受到委屈时，依旧不能得到父母的关心。

❸原生家庭存在极大矛盾。在该生家庭中，不只是孩子与家庭存在矛盾，长辈之间同样存在矛盾。该生在其外公家中生活的十多年里，姥姥多次向该生说起该生父母与自己的矛盾，该生父母与其舅舅家中的矛盾。从小该生便是在这样的环境下成长，导致该生心理出现疾病，这也是最难解决的一面。

三、案例处置

针对该生因为原生家庭矛盾而不愿按时回家，愿意留在学校的问题，了解该生情况后，辅导员给出以下建议：

❶与家庭沟通，告知父母心中想法。该生最大的问题便是缺乏与父母之间的沟通，因此该生需要与父母来一场谈心对话，说出自己心中的问题，告知心中对父母的期待。

❷跟朋友交流，多方询问解决办法。在与父母沟通不畅的情况下，可以与最信任的朋友分享自己的经历，向他们询问解决办法。与他人交流有利于调整心态，解决问题。

❸转移注意力，参与活动充实生活。作为大学生，主要任务依旧是学习，与其纠结家庭琐事，不如将自己的注意力放在其他地方，比如学习或者是多姿多彩的校园实践。

四、案例效果

经过一段时间与该生的谈心谈话，该生明白了自己所处困境，同时听取了辅导员在谈话过程中为其面对困境和解决问题提出一些建议，目前该生的状态已有所好转。

❶与父母关系缓和，家庭交流增加。在与该生交流后，该生开始向父母袒露心声，说出了自己心里的问题，其父母也积极解决。同时，该生父母开始更加关心其心理问题，时常询问该生的生活状态与学习状态。该生也认识到自己的问题，开始与父母分享自己的生活，让父母参与其成长。

❷开始期待与父母的见面和家庭生活。该生在与其家庭成员深度交流后，状态明显转好，经常向我们提及家乡的风景、美食等，并开始思念家乡，期盼回家。

❸学习、生活更加积极，常见该生面带微笑。在家庭问题解决后，该生对学习与生活更加积极，上课状态好转，积极参加校园活动，多次参加学院组织的志愿活动，开始接触新鲜事物，与同学间的交流也逐渐加深，该生的脸上也开始出现笑容。

五、案例启示

❶人与人之间交流的重要性。对于人与人之间的交往，交流是最重要的。许多时候我们与他人之间产生矛盾便是因为缺乏交流。因此，与他人产生矛盾时，要及时与对方沟通，说出自己的心声，了解对方的看法。深入交流能增进彼此了解，促进问题的解决，消除隔阂，恢复良好的人际关系。

❷相互理解，多站在对方位置上思考问题。在人际交往中，相互理解、相互尊重是十分重要的。不应一味地要求对方怎么样，而应该退一步想一想自己为对方做了什么，将心比心，了解对方的感受和需求。换位思考是体谅和理解别人的基础。

❸打开心扉，不要将自己锁在自己的世界里。封闭在自己的世界中并不能切实解决问题，只会让自己的心理压力加大。要主动敞开心扉，大胆地说出自己的困惑和想法，积极寻求帮助，问题或许会迎刃而解。

案例8-3

让学生学会沟通协作

——学生社团发生问题怎么办

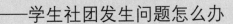

一、案例概述

　　小吴，男，2000年12月生。该学生平时喜欢画画，思考，运动。该生性格比较外向，乐于助人，不拘小节，喜欢尝试新鲜事物。生活中，该生喜欢制订计划并严格执行。他也是周围同学的开心果。

　　在大学一年级的时候，该生加入了美术协会和国际交流协会，同时在国际交流协会担任了干事的职务。在大学二年级的时候，该生担任了美术协会副会长的职务。美术协会有一个会长和两个副会长，面临的主要问题是：在社团组织活动过程中，由于另一个副会长是计算机专业的，平时专业课很多，会长又参加了党校培训，导致社团出现人员责任不清等问题，该生常需要帮助会长处理自身职责之外的事情。在最初竞选副会长职务的时候，该生是为体验社团生活，提高自身能力，最后结果却和期望不符。又因为会长疏于工作，导致社团招新和其他活动开展得不顺利。面对会长将很多事情推给自己的行为，该生感到非常不满，但又无法开口拒绝。所以他决定寻求辅导员的帮助。

二、案例分析

　　经过交流发现，该生觉得自己付出了很多，心里非常不平衡，态度也比较消极，不想与其他负责人交流。

　　综合以上信息发现，此案例反映的是学生社团的普遍性问题，即社团成员间如何进行有效的交流和协调。在这个认识的基础上，再对案例进行详细分析，发现存在以下问题。

❶ 社团成员职责划分不明的问题。在社团建立之初，该生与相关负责人并没有一起协调划分出明确的职责，也没有提出该如何处理特殊问题的方案。这是该生应该解决的第一个问题。

❷ 态度消极，没有换位思考的问题。面对会长的失职，该生态度消极，没有沟通的欲望，做事也情绪化。该生只考虑了自己，并没有站在其他负责人的角度思考问题，这是第二个需要解决的问题。

❸ 学生之间沟通不当的问题。在社团活动准备工作的过程中，该生并没有积极与其他负责人进行沟通。在沟通的时候，该生也没有勇敢提出自身的想法和见解。这是第三个有待解决的问题。

三、案例处置

针对该生出现的沟通困难、无法协调社团工作的情况，了解具体情况之后，辅导员结合自身的工作经验给予了他一些建议，具体是：

❶ 组织社团成员，准确划分责任。由于该生在社团中会处理许多自身职责之外的事情，建议其找到合适的契机把团队小伙伴组织起来，交流彼此对社团现状的想法，让小伙伴了解该生的处境，从而合理地协调部门成员的职责。

❷ 沉着冷静，思考全面，宽容他人。会长的失职，使该生态度消极，失去沟通欲望，从而激化组织内部矛盾。每个人都有犯错误的时候，每个人或许都有自己的难处。负面的情绪往往会扭曲我们对事物的看法，影响工作效率，先让该生的心里平静下来，之后对其做思想工作。在自己做错事情的时候，我们会希望他人理解我们，宽容我们。同理，别人也是这样想的。对他人的宽容就是对自己的宽容。建议该生站在他人的角度思考问题，这样会更加理解别人，自己也好受一些。

❸ 鼓起勇气，主动沟通。该生有自己的想法和不满，但并没有表达出来，从而影响社团活动开展和参与。因此，该生需要及时调整自己的状态，主动与会长沟通，勇敢表达自己的看法，通过沟通解开误会，化解矛盾。

四、案例效果

经过了解该生情况并与其交流后，该生也明白了自己所处困境，结合在交谈中为该生提出的一些建议进行改进，目前状况已有所好转。

❶社团职责合理划分，社团工作变得愉快。在经过对社团工作内容进行总结、与社团人员分工后，该生与社团伙伴合理分担工作，同时也找到了特殊情况的解决方法。经过交流，会长也意识到自己工作方面的问题，表达了歉意的同时提出了解决方案。

❷态度有所改善，思考更加全面。通过与会长的交流，该生了解了会长的难处，对会长的失职有些许理解，心理逐渐平衡。该生深刻了解到沟通的重要性，意识到自己在处事心态和思考问题方面的弱点，在日常生活中该生查询了相关书籍，找到改善心态、思考全面的方法，渐渐地该生解决问题的能力和思维能力都有所提高。

❸沟通更加积极，生活质量提高。遇到问题时，该生积极地与他人进行沟通，了解他人的情况，解决不必要的矛盾。通过交流，该生解开对他人的误会，减少肆意揣测，不再为一些不必要的事情消磨精力。此外，该生也阅读了沟通技巧相关的书籍，提高了沟通质量，与同学的关系也变得更加融洽，生活质量也有所提升。

五、案例启示

❶关注学生社团生活，指导学生社团建设。为体验校园生活，大学生们都会报名参加社团，社团里有很多职务，每个职务都有对应的工作内容。社团干部们应该积极地组织社团成员，一起解决划分职务、协调工作、处理特殊情况等问题。当遇到一些不能解决的问题时，辅导员按照社团具体情况、根据自身的工作经验为学生提供一些建议。

❷从情绪管理入手，关心学生成长。学生是祖国的花朵，是社会的栋梁，是未来发展的主要力量。消极的情绪并不能帮助学生处理好问题，解决此问题首先要调节好学生的情绪，让学生有一个积极的心态去面对，明白自

己的处境，而后根据具体情况具体分析，提供可行的建议来解决学生面临的问题。

❸ 鼓励学生主动沟通，表达自己的想法。一些学生因为自身的原因，不能很好地把自己的观点表达出来，心里有一些顾虑，担心自己提出的观点不被认可。解决这类问题首先要倾听学生的想法，鼓励学生表达，对一些可行的方法给予鼓励和赞美，对一些不成熟的观点也可以提出合理的建议和解决的方法。

案例8-4

团队合作中的人际沟通
——如何解决学生小组工作中出现的问题

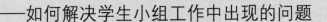

一、案例概述

　　小李，女，2000年5月生。该生平时喜欢听音乐、看各类书籍，偶尔会做运动，性格偏内向，做事踏实，积极认真完成学科作业，平时与班上的同学交往较少，关系密切的朋友只有自己的室友和班上几名同学。

　　该生在大二年级时参加了社团，考虑到大三年级学业任务加重，于是决定离开社团，全身心投入学习，希望成绩有所提升。结合大三的课程要求，部分作业需要同学组队完成。小李没有多想就找了和自己关系好的同学结成小组。刚开始小组成员都能准时、保质保量地完成分配的工作任务，但随着后期各科作业增加，大多数成员对小组作业的完成情况明显大打折扣。与此同时，部分成员产生了懈怠情绪，该生与团队成员的矛盾就逐渐暴露出来了。为了按时提交作业并取得较好的成绩，小李不得不完成其他成员未完成或完成度不达标的任务，久而久之就感觉到了有些不公平：为什么大部分的工作都要自己来完成，但是最后大家都是一样的成绩？这种不满的情绪影响到了她的生活和学习，自己开始疏远团队成员们，渐渐地，她感到生活很枯燥、学习很疲劳。她不知道该如何调整自己的状态，所以她向辅导员寻求帮助。

二、案例分析

　　辅导员与该生简单地交流后发现，该生来自农村，父母长期给她灌输只有读书是唯一出路的观念，因此进入大学后，她努力学习并一直保持着较好的成绩。在课程难度增加和课程要求变化后，她花在学习上的时间越来越多，与同学们的交流越来越少。

从上述信息可以得知，该现象存在于大学中后期的生活、学习中，其本质是学生如何协调学习与人际交往之间的关系。在此基础上，对上述案例反映的具体问题详细分析。

❶日常人际交往问题。该生在团队建设中产生的问题是由于长期缺乏人际交往而形成"质变"，大学生除了要学习，还应在日常生活中学会与不同的人相处，防止因日常问题引发"多米诺骨牌"效应。如何合理规划自己的时间，平衡学习与日常生活是关键所在。

❷人际沟通问题。人际交往包括了人际沟通。人际沟通在团队合作中起到了传输信息的作用，是组员间交换意见的重要途径，是做出正确决策的必要条件。该生在团队工作中虽然发现了问题，但没有与成员及时说明，只是一味地隐忍，最终心里不平衡，波及其他方面。如何进行有效的人际沟通是问题之二。

❸团队精神问题。该生在团队工作中表现出较强的工作能力和独立性，但是应了解什么是真正意义上的团队合作，才能正确执行团队工作。团队中有能力强的成员固然重要，但是也需要相互配合，发挥出团队最大的潜力。每个人的能力都是有限的，在之后的学习与工作中，如何将个人能力恰到好处地融入团队合作中，是问题之三。

三、案例处置

为解决小李同学无法平衡学习与人际交往的状况，辅导员结合自己的工作与生活经历，给她提出了几点针对性建议：

❶既要学习好，也要生活好。大学生不能只做学习上的"巨人"，而成为生活上的"侏儒"，生活方面主要是学会与身边的人交往，为将来进入社会和参加工作做好准备。学习与娱乐是重要的切入点，该生可以利用学习上的优势帮助身边的同学，在闲暇之余和同学一起开展娱乐活动，如唱歌、吃饭、逛街等等。通过日常的活动，促进同学相互了解，增进

情感。

❷掌握简单的沟通技巧。学会有效的沟通能事半功倍。该生应明确自己在团队中的身份，针对不同的对象选择不同的沟通方式；选择恰当的沟通时间与地点；沟通时应抓住重点；以建设性沟通代替命令式指挥；站在他人的角度思考问题，避免先入为主。

❸学会团队建设。一方面应制定团队规则，规范成员的工作行为，促进实现团队目标。另一方面明确个人在团队中的角色，完成相应的任务。另外，团队出现问题是常见的，重要的是发现、提出并解决问题，以双赢的思维主动帮助成员解决问题，而不是代替她们完成任务。

四、案例效果

在与该生交流后，该生找到了自己的问题根源，经过一段时间的调整后，状况已经转为良好。

❶人际交往能力提升，生活更加愉快。目前小李已经掌握了简单有效的沟通技巧，与同学交往更加自然、轻松；在调整作息时间后，小李有更多的时间去琢磨人际交往，加深同学、朋友之间的了解，为之后学习和工作上的沟通打下了基础。朋友圈扩大了，视野更广阔了，生活也更加丰富多彩。有了生活上的调节剂，学习意愿也提高了。

❷学习效率提高，学习能力增强。通过小李的努力，她现在的生活和学习形成了良性循环，在没有心理压力后，小李学习时更加专注，更喜欢和同学一起探讨问题，既解决了问题、夯实了知识，也在不知不觉中增进了感情。小李找到了适合的学习方法，提升了学习能力，团队合作也更加高效。

❸团队合作能力提升。小李改变了以前个人"包揽"全队工作的方式，而是协助有困难的同学共同完成；利用团队制度约束组员，避免了"搭便车"的现象。群龙不能无首，小李毅然挑起了担子，充分发挥了自己的能力，包括工作能力、沟通能力、协调能力。经过整改后的团队，工作效率更高、成绩也更加出色了。

五、案例启示

❶恰当处理学习与人际交往的关系。二者并非鱼和熊掌的关系，而是通过正确的方法可以达到统一。大学生除了学习，利用课余时间与同学或者朋友交往，可以锻炼自己为人处世的能力，熟悉和掌握一些有用的沟通技巧，为进入社会打好基础。但是凡事都有轻重缓急，大学生还是应以学习为主，切莫主次不分，在专业知识扎实的前提下，掌握一定的人际交往能力，才会让自己在学习和工作中更加游刃有余。

❷寻找问题的根源，促进团队合作。学生团队合作的机会较少，出现问题是在所难免的，但也不能任其恶性蔓延，发现问题并解决问题是学生应具备的基本能力。团队建设失败不能简单地归因于某个人，应抽丝剥茧找出主要原因，成功的团队合作能够达到"1＋1＞2"的效果，而团队中的沟通就能起到连接各个组员的作用。

❸注重心理疏导，使学生保持愉快的情绪。当一个人心情愉悦时，做事的意愿会提升。因此要定期和学生谈心谈话或传授一些调节情绪的方法，使学生拥有良好的状态应对每天的学习和生活。

案例8-5

正视问题　换位思考　理性协调

——学生如何处理与老师之间的矛盾

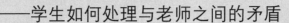

一、案例概述

赵同学，男，2002年1月生。该生性格内敛，心思敏感，喜静不喜动，爱好阅读，只愿意对自己亲近的人敞开心扉。该生作为一名外省的学生，籍贯不同导致的语言、饮食差异让他在开学之初承受了巨大的心理压力。

受高中学习的影响，他一时间对大学的学习节奏感到无所适从，面对书本上冗长的文字，该生不知道该如何调整自身的心理状态。高等数学本就是该生的弱势科目，在第一次高等数学课间，他本想加上任课老师的联系方式以便之后请教题目，没想到遭到了老师的拒绝。后来，老师以自己微信多用于工作为由多次拒绝了该生的请求。该生因此心生不满，加上课程难度大，他越来越感到力不从心。上课无法及时跟上老师的思路，不能全身心投入学习中，课后做作业遇到不会的题目也不知道该如何处理，导致积累的问题越来越多。该生甚至开始出现畏难厌学的情绪，对于课后作业敷衍了事，抱着一种得过且过的态度去学习。临近期末，看着周围同学得心应手地解决一道道难题，他终于下定决心端正学习态度，向自己的辅导员寻求帮助。

二、案例分析

通过沟通发现，该生受父母影响较大，希望在大学期间好好学习，依靠自己的努力取得较好的发展。因自小缺乏数学的天赋，该生对数学尤为重

204

视。但与高中数学相比，大学高等数学的难度自然大得多，过高的难度再加上与老师之间的矛盾，导致该生在学习中遇到了很大困扰。

结合以上信息发现，该案例反映的是大学生中的一种普遍现象，即学生与老师之间沟通不足而产生矛盾的问题，其本质就是大学生如何处理和老师之间的关系。基于此种认识，我们对该案例进行进一步的剖析。

❶与他人沟通问题。在与老师沟通时该生并没有清晰地表达出自己的意愿，第一次沟通受挫后，对老师心怀不满。如何通过沟通既满足自己的需求，又不打扰老师的生活，是该生亟待解决的问题之一。

❷学习方法问题。在学习高等数学的过程中，该生没有找到适合自己的学习方法，在面对自己不适应的教学课堂时，缺少及时调整的过程。尽快调整状态，找到最适合自己的学习方法，同样是该生最需要解决的问题。

❸抗压问题。高等数学对于该生来说是一个很大的挑战，同样，由于性格内敛，与他人沟通受挫也给该生造成了不小的心理压力。面对各种压力，如何舒缓，化压力为动力，更好地助力自身成长，成了摆在该生面前的第三个难题。

三、案例处置

面对该生与教师矛盾无法调和，进而影响自身学习与生活的情况，在与该生进行详细交谈了解具体情况之后，辅导员结合实际，恰如其分地指出了问题所在，并提供了中肯的建议，具体如下：

❶再次与老师进行沟通，合理清晰表达出自己的意愿。同时做到换位思考，表明自己仅仅出于学习需求，保证不会打扰到老师正常的工作与生活。在沟通过程中注意基本的礼貌，尊重老师，进而锻炼提升自己的沟通能力。

❷改善学习方法，努力提升学习的效率。在课堂上提升学习过程中的专注力，努力跟上老师讲课的步伐。面对遗留下的问题及时解决，保证做到学习难题不累积。在课后及时对所学知识进行总结归纳，梳理知识框架，归纳相同题型，通过练习巩固所学知识，建立自己在数学学习方面的兴趣。在学习状态欠佳时及时调整，避免因自我状态影响到学习成绩。

❸学会纾解内心压力，协调好学习与生活的关系。在压力过大时合理

调节自身情绪，可以通过锻炼、听音乐等方式释放压力，及时将自己内心的负面情绪宣泄出去。平时也可以多给自己正面的心理暗示，鼓励自己提升学习信心。改变对待压力的态度，转化对于压力的消极感受，不断拓展自身能力与资源，增强与周围其他人的联结，赋予生活更多的意义，提升自我满足感与幸福感。

❹ 不要过于在意外界的目光，勇于接受挫折与失败。放弃完美主义，以悦纳的目光坦然接受自己的平庸，减少不必要的压力，允许自己重新定义失败，从中汲取经验教训，为今后更多的工作打下基础。更加关注过程而非结果，学会在过程中提升自己的学习能力。勇于迈出第一步，在人际沟通中主动与他人接触，克服自己的胆怯与自卑。

四、案例效果

经过对该生心理方面的开导，该生逐渐打开了心扉，纾解了心中的烦恼和苦闷。同时，通过采纳在谈话过程中提出的建议，该生的生活也逐渐步入正轨。

❶ 沟通能力提高，性格逐渐开朗外向，善于与他人相处。在经过仔细思考后，该生开始克服内心的胆怯与自卑，勇于主动迈出第一步，发表自己的意见，与他人进行沟通。同时也懂得了换位思考，能够考虑他人的感受，不仅得到了老师的认可，也收获了来自周围同学的友谊。

❷ 明确学习目标，学习成绩获得进步。该生找到了正确的学习方法，在课前通过预习提前了解学习重点，课后及时练习巩固所学知识、总结知识点。在课堂上积极主动回答老师的问题，紧跟老师讲课的思路，对于不懂的问题及时解决。除此之外，该生还常常通过运动等方式纾解情绪压力，调节自身状态，做到劳逸结合，在工作和学习中保持最佳状态。

五、案例启示

❶ 正确认识学生人际沟通中遇到的困难。作为一名大学生，每时每刻都离不开与他人的沟通，在与人沟通的过程中有许多值得注意的地方，学生

应当勇于克服负面情绪，敢于表达自我，在沟通中懂得换位思考，注意他人的感受。

❷注意学生情绪管理，提升学生抗压能力。在当今社会下，学生面临着学习与生活的多重压力，懂得调适自己的情绪，及时与他人倾诉以纾解自身压力，保持良好的心态去面对生活中的难题。

第九部分

学业引导篇

认识自我　量力而行　破茧重生

——学生事务繁多如何破解

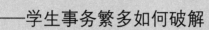

一、案例概述

　　蒋同学，女，2000年3月生。该生平时喜欢弹钢琴、古筝，运动方面比较喜欢篮球、羽毛球和游泳，喜欢天南地北的旅行，性格比较外向，对所有没见过和没尝试过的事物充满好奇。

　　该生在大一同时加入了校、院团委组织部任干事，在大二选择了留任学院团委组织部部长并在分流过后的班级任职班长，还加入了校合唱团参与四川省第九届大学生艺术节合唱比赛的排练。面临的主要问题：新学期进入大二后，学院迎新、部门招新、班级"三金"评选以及排练合唱时间定于同一晚，当晚要确定次日部门复试人选，班级"三金"评选工作也是截至当晚，加之合唱队最后一次排队形，三场都不能缺席。尽管该生采取了通过线上通话的形式与其他两位部长确定复试人选，先去"三金"评选再去合唱队排练，但结果还是不尽如人意，该生十分疲惫。后期又因在承办学院活动时与上级产生分歧导致部门工作出现重大失误而卸任，从而产生自我怀疑的消极情绪，因此向辅导员求助。

二、案例分析

　　经过交流发现，该生自小成绩中等偏上，随自己的学习态度而波动，进入大学之后刻苦努力，严格要求自己，父母也寄予厚望。该生在进入大学后不仅希望自己能有良好的成绩，还希望通过学生组织的锻炼掌握更多的知识和技能，于是大一加入校、院团委组织部，大二分流之后选择担任班长一职，希望能更好地团结和帮助同学，同时积极参与各种活动，以提高自己的能力。

通过以上信息可以看出，该生面临的根本问题是无法在事情堆积在一起时，很好地平衡学习、工作和生活。具体分析如下：

❶好高骛远问题。因该生在以往生活中所遇坎坷较少，过于自信，总认为自己可以解决所有问题，加之过于苛刻地要求自己，总希望所有事都能做到完美，导致未能科学评估自身业务能力水平，不能兼顾好每件事。

❷经验缺乏问题。因该生是大二才担任班长一职，所以在评选"三金"的过程中与大一就任职的同学相比缺乏相关工作经验。因缺乏对相关工作的了解，导致不能很好地把握这项工作的进度，难以协调控制准备工作的时间。

❸与人沟通问题。因部门、班级工作与合唱团排练产生冲突，又囿于个人精力有限，同时未能与同学、班委和老师做好事前沟通工作，导致该生与部门伙伴、学生会主席、班委们以及合唱团的老师都产生一定的隔阂，以至于大家对该生看似"不负责"的行为产生了些许不满。

三、案例处置

针对该生因负责的事务太多，无法很好地平衡学习、工作和生活，以及不能在遇到问题时很好地与同事、班委和老师沟通的情况，辅导员结合自身的工作经验给予了她一些建议。具体是：

❶在"充实"中科学认识自我。我们不能否认该生积极的生活态度，做一个积极上进的人并没有错，但应在自己能力范围内适当地跳出自己的舒适圈，不能过高地估计自己的能力水平，要在"连轴转"和充实之间做好区分和平衡，不要出现病态的"充实"。

❷在工作中及时积累经验。虽然该生具备一定的学生工作经验，但不可否认其毕竟脱离管理班级将近一年时间，对于许多班级管理经验难免生疏遗忘，建议该生在工作中及时反思优缺点，同种错误避免二次出现，从而提

高工作效率。

❸ 在活动中加强交流沟通。因该生确实事务繁多，团队伙伴虽然了解该生繁忙的情况，但并不能及时掌握该生在具体时间做什么工作，建议该生与团队伙伴加强交流，如果自己实在难以抽身，要及时与大家说明情况，在大家理解的情况下才能更好地维护与团队伙伴之间的关系。

四、案例效果

经过对该生的详细了解与交流，该生明白了自身存在的问题和需要改进的方向，在生活中合理运用了辅导员所提到的经验，目前该生的情况已朝着积极的方向持续发展。

❶ 自我定位更加明晰。经此一事，该生清醒地认识到自己作为一名学生，应以学业为主，在课余时间丰富生活，接受自己作为普通人并不能将所有事都做到十全十美。在圆满完成合唱团的比赛任务之后，该生没有再继续参与合唱团的相关活动，与合唱团老师说明情况后老师也表示十分理解。该生在自我定位明晰后丢掉了一些包袱，也能更好地协调工作与学习生活。

❷ 工作效率显著提高。该生积极同班委伙伴开会交流，说明自身事务繁多的情况并积极反思自身存在的未能及时沟通的问题，团队伙伴对于该生的情况表示理解与支持。在深入的沟通后，该生与团队伙伴化解了之前的误会，并在此后的承办班级活动、优团优干评选及推优入党等活动中合理分工配合，团队各项工作都完成得又快又好，工作效率大大提高，该生在做自己本职工作时也游刃有余。

❸ 沟通能力不断增强。在解决这件事的过程中，该生在辅导员的耐心指导和帮助下，学会了倾听、尊重和共情，在倾听中了解到老师、班委和同伴们希望自己在遇到困难时多向大家求助，同时该生尊重并理解大家的想法，并与老师、班委和团队成员各方都做了沟通和解释，得到了大家的理解和支持。在化解矛盾的过程中，该生意识到及时交流的重要性，同时与人沟通的能力大大提高。

五、案例启示

❶正确认识自身的能力水平，制定科学合理的目标规划。对于大学生而言，跳出舒适圈，让自己的能力得到提高，让自己的生活变得更加充实是一件值得提倡的事情，但学生需要正确地认识自身的能力水平，在跳出舒适圈提升自我的时候要注意适度原则，切忌"一口吃一个胖子"的思想，不可急于求成。

❷善于总结工作经验，不断提升自身业务水平。学生因工作失误可能会产生消极的心理情绪，从而导致自己不自信。这就要求辅导员引导学生树立起自信心，让学生明白"失败乃成功之母"，从错误中总结经验教训，才能更好地在未来的学习、工作和生活中不断进步，不断成长。

❸注重培养团队沟通能力和合作意识，不断增强集体荣誉感与使命感。学生在生活中可能会出现碍于面子不愿沟通或自己独自完成工作不愿与团队成员合作完成的情况，这对于学生自身的发展而言是十分不利的。要注意引导学生在工作的同时注重团队整体，一个人或许可以走得很快，但一群人才能走得很远。

增强自控力　确定目标　调整状态
——学生学习状态与学习任务的协调问题

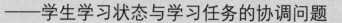

一、案例概述

　　王同学，女，2000年1月生，家在四川省达州市达川区。该生平时喜欢待在寝室看电视剧、刷视频，很少外出参加活动，但是喜欢在班群里发言，活跃班级气氛。

　　该生在大一时期加入了一个社团，后期由于学习任务繁重，未能继续参加该社团活动，之后也没有参加任何社团活动。该生的主要问题是新学期进入大二年级后，学习任务逐渐加重，由于自控能力较差，晚上经常熬夜，上课精神状态不佳、注意力不集中，学习效果不够理想，对学习的积极性不高，在期末考试之前面临种种复习压力，对待老师布置的作业也不知道如何下笔，不知道怎样改善自身的学习状态，对未来的规划也不够明确。当她看着自己身边的朋友和同学有着清晰的自我规划、积极并轻松地完成老师布置的作业、对学习有着高度的热情时，她意识到了事情的严重性，但不知道如何调整自身的状态。所以她决定寻求辅导员的帮助。

二、案例分析

　　经过交流发现，该生通过自己的努力进入大学学习，父母对其有一定的要求和期望，希望该生能够学好专业知识、多考证书，拓展自己的知识面，为未来的发展打下坚实基础。该生进入大学后很少参加社团组织的活动，也未加入学校其他组织，参与的实践活动较少。在学习方面，对自己的规划不够明确，无法制定合适的目标和完成学习任务。

综合以上信息发现，此案例反映的是学生学习方面的普遍性问题，其本质是如何调整学习状态、确定学习目标。在这个认识的基础上，再对案例进行详细分析。

❶学生参与社团或其他组织的活动问题。该生大一仅加入一个社团，很少参加社团活动，之后也没有参加其他组织的活动，说明该生在参与此类活动时的积极性较低。如何调动参与社会实践活动的积极性，通过社团等组织丰富大学生活，提高综合素质是第一个需要解决的问题。

❷学习状态问题。该生的自控力较差，晚上经常熬夜，这些都是影响自身精神状态的不良因素。如何调整自己作息时间，改善学习状态，成为第二个需要解决的问题。

❸学习规划问题。在学习的过程中，除了要考虑学习状态的问题，还需要考虑学习规划的问题。如何保持学习的积极性、找到适合自己的学习方法、明确学习目标，这是第三个有待解决的问题。

三、案例处置

针对该生出现的学习状态不佳、学习压力较大和自身规划不够明确的情况，辅导员结合自身的工作经验给予了该生一些建议。具体是：

❶鼓励该生参加实践活动。该生对实践类活动参与度较低，因此与该生进行沟通，给她讲述参与活动的益处，提高该生参与活动的热情和积极性。建议她与同学或者朋友同行，既可以交到新的朋友，也可以锻炼自己的沟通能力，让该生感受到参与活动的热闹有趣的氛围，从而减少对参与活动的抗拒。

❷合理安排好自身的作息时间。前面也提到了该生自控能力较差，晚上经常熬夜使得自己上课精神状态不佳，建议该生合理安排好时间，加强自控力。晚上应当早点休息，可以在自己的手机上设置备忘录，调好闹钟，或者请同学、室友来提醒、督促自己。

❸制订明确的学习计划并督促自己去实施。因为该生的学习目标不够

明确，可以先从小目标开始设定，制订每日的计划或者每周的计划，对自己的生活、学习等方面进行合理、有效的安排，根据自身的实际情况对自己的学习任务制定相应的计划，督促自己按照制订的计划去实行，不拖沓、不放弃，坚持下去，养成良好的学习习惯，调整好自身的学习状态。

❹保持积极向上的学习心态。该生期末考试前面对种种复习压力，使得自身心理压力较大，不能及时地调节自己的心态。该生需要提高自身的自信心，鼓励自己、相信自己，在考试之前合理安排好自己的复习计划，保持对学习的热情和积极性。

四、案例效果

经过交流，该生积极接受意见，并根据提出的建议付出实际行动，改善自身的不足。

❶精神状态良好，学习热情增加。在生活上，该生通过一系列措施，调整自己的作息时间，精神状态有了较大改观。在学习上，该生始终保持积极向上的学习心态，保持对学习的热情，制定相应的学习目标，并按照计划尽力地去实施，学习状态有了较大改变。

❷积极备考，参与社会实践。面对期末考试，该生也能够根据自身的实际情况制订好合理的复习计划，在一定程度上降低了自己的学习压力。除此之外，该生利用自己的空余时间，积极参加实践活动，锻炼了自身的沟通能力，提高了自己对实践活动的参与度。

五、案例启示

通过以上建议解决该案例后，得到了以下的启示：

❶学生事事无小事。在日常生活中，我们要耐心、细致、善于观察，才能及时了解到学生存在的各种情绪和问题。

❷要注重与学生之间的沟通与交流方法。对学生要有耐心，不要用单一或者急于求成的方法，这样往往不利于与学生之间的交流，无益于学生问题的解决，而要根据学生的具体情况提出相应的建议，循序渐进，不能操之

过急。

❸要帮助学生树立积极向上的心态。寻找学生的闪光点，帮助学生取得进步，使她们认识到自身的价值，经过不断努力，使她们树立自信心。

提高效率　学习工作两手抓

——学生学习工作不协调产生情绪问题怎么办

一、案例概述

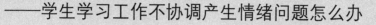

周同学，女，2000 年 4 月生，家在四川省资阳市安岳县永清镇，家中共有 5 口人，父母都是以种地为生的朴实农民。该生性格热情开朗，外向，善于交朋友。该生平时喜欢跑步、唱歌、跳舞、看书和参加学校组织的各种活动，兴趣爱好广泛。

该生在大一同时加入了多个组织和社团，还在班上担任学习委员一职，并且学期末选择了在校级部门和社团留任。由于家庭贫困，该生大学期间的学费和生活费用十分紧张，所以业余时间也在学校兼职。该生主要面临的问题是进入大二年级后，学习任务加重，部门的工作也接踵而至，再加上业余时间有兼职，由于时间分配不合理、作息不规律、无法协调工作与学习，导致该生心情烦躁，焦虑不安，不能及时调节心理，产生了自暴自弃的想法。于是上课不集中精力认真听讲，老师布置的作业和部门的工作也不及时完成，敷衍了事，业余时间的兼职也不想去。这种状态持续了一段时间，当她看到身边的同学、朋友能自主高效完成学习同时也能认真完成部门的工作，她意识到了事情的严重性，并想要调整自己目前自暴自弃的消极状态。所以她决定告诉辅导员，寻求辅导员的帮助。

二、案例分析

经过交流发现，该生自小在农村长大，成绩中等，通过自身努力考上了一本。上大学后学费和生活费有些困难，该生利用课外时间做兼职。其父母期望较高，希望该生学有所成，毕业后能够考研继续深造，以后可以找个好工作，在城市立足。该生进入大学就担任了班干部，加入了校级组织和社团，积极参加各类比赛，主动学习新知识、新技能，同时还在校内做兼职，自身能力得到了很大的提升。

综合以上信息发现，此案例既反映了学生干部的普遍性问题，又反映了贫困学生的普遍性问题。本质上是如何平衡课程学习、学生工作和课外兼职这三个部分。在这个认识的基础上，再对案例进行详细分析。

❶与部门同事之间的分工合作问题。该生大二时在校级学生组织和社团留任，说明该生同时需要兼顾多个组织的工作，工作量较大，需要花很多时间来处理组织和社团的事情，负担变重。部门之间工作协调是该生面临的首要问题。

❷有效管理时间、分配时间的问题。该生进入大二后，课程变多，学习任务变重，工作量变大，需要学生花很多时间保质保量完成。但是每天的时间和精力有限，同时还要处理部门的事情，使得该生可以利用的时间变少。如何在有限的时间内完成学习任务，成为第二个需要解决的问题。

❸家庭背景影响因素。该生在农村长大，家庭贫困，学费和生活费都很紧张，该生因此感到压力大和焦虑。为了缓解经济压力，该生就在校内做兼职，占用了一些课外时间，也导致该生压力大。如何缓解学生的经济压力，让学生不再焦虑，是第三个需要解决的问题。

❹学习和工作方法问题。在学习和工作的过程中，除了要考虑时间是否充足外，还需要提高工作效率。工作效率越高，需要的时间就越少，消耗精力就越少。如何提高工作效率，找到适合自己的学习方法，以此提高学生的整体效率，是第四个需要解决的问题。

三、案例处置

针对该生出现的身兼多职、学习工作任务繁忙、经济压力太大的问题，了解其具体情况后，辅导员结合自身的工作经验给予了她一些建议。具体如下：

❶在部门工作中和同事合理分工。该生身兼多职，各个部门有不同的任务，建议其与部门同事沟通交流并合理分配任务，协调好承担的各部门工作。

❷合理分配时间。该生进入大二，学习任务繁忙，建议其把学习放在第一位，完成学习任务后再处理部门的工作，根据事情的重要程度分配时间。

❸申请国家助学金，争取拿奖学金。该生家庭贫困，有较大的经济压力，可以通过申请国家助学金来缓解经济压力。同时，该生努力学习，争取拿学校奖学金，也可以在一定程度上减轻经济负担。

❹掌握高效率的学习方法和工作技巧。该生学习任务繁重，学生工作繁忙，应学习高效率的方法和技巧，高效利用时间，使学习效率和工作效率得到提升，也在一定程度上节约了时间。

❺调节情绪，消除焦虑烦躁。在学习工作之余，该生需要适当放松，合理调整自己的心理状态，避免精神过度紧张，培养对挫折的承受力，给自己积极的心理暗示，缓解焦虑。

四、案例效果

经过与该生的谈话后，该生按照辅导员的建议做了各方面的改变，调整好了自己的状态。

❶工作分工明确、效率提高。该生回去后，与部门同事沟通交流、合理分配工作，协调好了各部门之间的工作，工作效率有很大的提高。在工作中遇到难题时也能及时反馈给老师，在老师的指导下及时处理。

❷学习效率提高，目标明确。该生上课集中精力听讲，课后认真完成老师布置的作业，也掌握了高效的学习方法和技巧，该生觉得学习不再是一个难题。同时，该生也对自己的专业有了很清晰的认识，明确了自己未来的奋斗目标。

❸家庭经济压力得到缓解。该生听从辅导员的建议提交了助学金申请，并成功申请到了助学金，大大减轻了自己的经济压力。该生也在努力提高学习成绩，争取获得下学期的学校奖学金。

五、案例启示

❶关注学生心理问题，及时与学生沟通，提供建议。该生之前因为工作、学习和经济的问题而产生自暴自弃的想法，意识到问题后及时找辅导员沟通才解决了。如果沟通不及时，可能该生的心理状况会一直恶化。大学生普遍都会存在学习和工作上的问题，所以应该多关注学生的心理，一旦出现问题就及时沟通，避免情况恶化。

❷合理协调学习和工作，相辅相成。学习是学生最基本的任务，而工作能让学生在时间管理、社交表达能力等方面得到很大的提升。这两者并不是相悖的，而是相辅相成的，学生应该合理协调学习和工作的安排，但是应该以学习为主，保证完成学习任务的情况下再去完成工作。

❸提高时间利用率，避免冲突。在学习和工作任务很多的情况下，可以制订计划，合理利用时间，有计划地完成。学生也需要掌握一定的学习方法和工作技巧，提高效率，可以在一定程度上节约时间，缓解压力。

案例9-4

与其抱怨　不如改变
——遇到学生自暴自弃怎么办

一、案例概述

　　小 A，女，就读于大二年级，外地人，在之前求学的日子中一直遭遇不顺，情绪长期处于不稳定的状态。在一次和原来好友的电话交流中大倒苦水，最终情绪崩溃了，寝室室友在此种情况下也很难与其交流。此后，小 A 对待自己的学业更加不上心，对于课程能逃则逃，逃不了的课程在课上玩耍手机，对于课程考试也很少认真准备。此外，在她的课余时间中，以往可能参与的社团活动也变成在寝室打游戏或者喝闷酒。在这种环境下，小 A 的学习成绩直线下滑，人际关系也处理得较差。而她本人对于自己现在的状态采取佛系的态度，几乎没有意愿改变这种情况，并表示迫切希望能早点毕业、早点回家。

　　据进一步的了解，小 A 所在的专业是该校历年招生分数线排名前 2 的专业，她就读的高中班级也属于特尖班，和班级同学相处也很融洽。但自从上大学以来，由于自己所在大学没有以往同高中的朋友，自己又是外地生源，孤独感比较强烈。同时，该校的整体环境和小 A 理想院校的环境有差距，她发现大学里很难找到以泡图书馆为乐趣的人，与身边人交流时也会感觉大家是戴着面具说话，便逐渐缩小社交圈，放纵自己的所作所为。她不知道如何过接下来两年的大学生活，于是便找到辅导员寻求帮助。

二、案例分析

经过交流发现，该生从小在其就读学校都保持着较为优异的成绩，从小学到高中也参加过各种类型的比赛，和身边同学也保持着较为良好的关系，在高考前参加的市级组织的调考中也获得全市前 20 的成绩。进入现在的大学对其来说是一个低于自我预期的选择，同时加上异地求学和父母寄予的较高期待，该生对其所在大学的适应性较弱，并出现了滑坡式下降的现象。

综合以上信息可知，此案例反映的是高考失利学生进入高校学习后存在的一个较为普遍性的问题。该问题的实质在于如何正确对待高考失利并牢牢把握大学机遇。在这个认知的基础上，再对案例进行详细分析。

❶个人心态的调整问题。该生在多年来的求学生涯中较为顺利，高考的失利是个人心态的转折点。带来的结果不仅是进入一所低于自我预期的大学学习，更是对个人自信心的打击，该生很容易陷入自我怀疑的困境并导致自我约束力下降。该生如何学会正确看待自己所面临的处境以进一步推动自己所遇问题的解决成为首先要解决的难题。

❷个人学习习惯的改善问题。该生在长期的自我放纵中丢弃了原有保持得较好的学习习惯，与之相伴的是自我管理能力的下降和学业成绩的跌落。而大学仍然是强调个人学业的场所，没有在该学习的时候掌握相关的专业知识并不利于培养个人在社会中的适应能力与职业发展。因此，如何转变该生的学习习惯成为需要解决的第二个问题。

❸个人生活与集体生活相适应的问题。长期以来，该生以走读为主，真正直接面对寝室关系的处理是从上大学开始的。但是，大学宿舍和家庭对于自我缺点的包容程度存在着明显的差异性，需要更多的沟通、协调和妥协来营造一个和谐的寝室环境。该生目前在寝室中处于一个较为尴尬的地位，需要通过行为改变来改善自己的人际关系，创造一个较好的生活环境。

三、案例处置

针对该学生存在的与他人人际关系变差、学习习惯不好和集体归属感不强的问题，在了解具体的情况之后，结合自身的工作经验和个人经历给予了她一些建议，具体如下：

❶转变个人态度和思考方向。该生较大的心理落差是影响其后续发展情况的重要原因。由于改变自己往往比改变环境更容易做到，该生应认识到目前她所处环境中可以改变和不能改变的部分，鼓励该生逐步转变以往的消极态度，也要引导她认识到现在的情况是暂时的，在所处的环境中尽最大可能地发展自己提升自己是给予自己最好的支持。

❷踏实学习，增加自己的学识。在大学求学这一阶段，学业仍然是每个学生的重心。在过往的时间里，该生并没有好好把握学习的机会，所以需要增强其对学习的重视，学习成绩的取得也能帮助该生更好地适应大学生活。

❸以更多包容和妥协来处理寝室关系。每个人都有自己的特点和个性，在与多人共同生活的环境中，想要创造一个比较好的相处氛围，需要彼此的妥协与包容。在这方面，该生需要改变过往的部分行为习惯，不能总是以自我为中心要求身边人做出改变。一般情况下，寝室同学会很乐意接受该生好的改变，也能增进彼此之间的关系。

❹给予自己积极的心理暗示，可适当向父母寻求帮助。在之前长期的不舒适的环境中，该学生有自暴自弃的倾向，也有对自我认可度下降的问题。给自己积极的心理暗示有利于激发其行为和心理状态向好改变。此外，父母的社会生活经验也很丰富，向自己的父母寻求处理人际关系的技巧也有利于构建和谐的人际关系。

四、案例效果

经过一段时间和该生的谈心谈话，该生明白了自己面临的现实情况。同时，辅导员也在对话交流中为该生走出目前困境提出了个人建议。目前，该生的状态有所转变，能够以好心态学习、为人处事。

❶认知发生转变，不再执拗于过去以往的种种。在谈话结束后，该生较为清晰地认识到个人心态对自我状态影响很大，也发现了留恋过去会带给自己不好的体验。该同学慢慢意识到，虽然现在的环境跟预期相差较大，但

是依然能够提供一个较好的发展平台和发展机会，抓住机遇不断成长是实现自我蜕变的基础。

❷对待学业更为上心，不再逃课。因为认识到大学最重要的任务依旧是学习，逃课的本质是麻痹自我，并不能让自己掌握立足于社会的技能，该同学克服了逃课的习惯。同时，课上认真听讲，对于不清楚的问题也会请求任课老师的帮助。学习获得的成就感给予该生更多自信和坚持下去的动力。

❸课余生活变得丰富，除了游戏也会去参观展览、看电影等。在该生的心态发生向好的转变后，个体行为也不断改变。该同学改变本来不愿意与现实的人、事、物接触的习惯，会更愿意在休闲的时间走出去看看。以往的游戏时间大大缩短，更多业余时间花在看电影和参观展览等活动上。

❹与室友关系得到改善。该同学之前的生活方式会经常性地打搅到室友，成为和室友们关系恶化的导火索。在认识到自己的问题之后，该同学积极和室友进行沟通，询问她们的意愿，形成新的寝室公约，并遵守规定。在这种情况下，该生和室友的关系也得到有效缓和。

五、案例启示

❶个人的心理状态影响个体行为，要学会调整心态。个人成长经历中遭遇的各种事情会持续不断地影响心态的转变。心态或者情绪的感染力是很强的，如果长时间内处于低落的状态，就极可能让个人变得脆弱以至怯懦。尽管情绪的影响力强大，但我们仍可以找到方法去对抗、去解决自己面临的问题。

❷学会接纳自己，并且积极地提升自己。个体往往都是喜欢鲜花和掌声，也总是习惯被人称赞。但是个体的组成不只优点，也有缺点。我们个人有必要学会接纳自己的不完美，对于受挫的学生而言更需要引导。在此之外，也要让学生认识到接纳自己只是第一步，更为重要的是学会发展自己，实现个人的目标，为社会创造价值。

❸与人为善，和他人的交往要把握好分寸。对于没有体验过完整的集体生活的人而言，适应集体生活也是对自我的挑战，可以通过积极的引导帮

助学生适应。同时，在人与人的交往中，分寸感的把握也是重要的事情。对于大学生而言，对这方面的理解可能不是很深刻。在发现学生存在这样的问题后，可以通过交流对话的方式帮助解决，促使学生更好地与他人建立友善的关系。

治懒增效　挖掘潜能　促进自律

——学生出现惰性心理怎么办

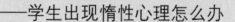

一、案例概述

　　杜同学，女，2001年3月生，家在四川省广安市邻水县。该生偏爱独处，喜欢互联网冲浪，性格热情开朗，真诚随性，做事踏实认真，喜欢思考，社交能力较强，善于与人交流。

　　该生在大一加入了学校记者团以及后勤团委两个校级学生会组织，还在班上担任身心委员，因此大一生活繁忙且充实。该生面临的主要问题是新学期进入大二年级后，没有选择继续留任部门以及担任班委，在校生活节奏突然放慢，一时无所适从，每天无所事事，没有目标和动力，得过且过，随波逐流，将大量空闲时间用于娱乐，造成精神松懈，并将这种情绪带入学习生活中，以冷漠、厌倦的态度对待学习，失去学习积极性，上课浑浑噩噩、注意力不集中，无法专注学习，对老师布置的作业及其他学习任务以敷衍了事的态度完成。加上大二相较于大一学习压力增大，该生不能合理安排时间，以及无法适应老师的教学模式，学习能力下降，导致学习效率低下，信心不足。长时间的虚度光阴使该生陷入恐慌不安的焦虑中，还表现为情绪上的绝望、沮丧、害怕、退缩、抑郁、神经过敏，产生强烈的精神紧张。当她注意到自己与周围朋友和同学差距越来越大时，意识到了事情的严重性，但是她不知道如何去调整自己的状态。所以她决定寻求辅导员的帮助。

二、案例分析

经过交流发现，该生中学时代一直在老师和家长的高要求、高管控下学习，整个中学时期精神状况处于高压状态，在通过自身努力进入大学后，没有外界的强制性要求，一下子松懈了，对自己的生活没有规划，渐渐地就有了混日子的"佛系"心理，并沉溺于这种安逸的状态中。

综合以上信息发现，此案例反映的是大学生惰性心理这一普遍性问题，其本质是如何完成从高中生到大学生的心态转变。由此对案例进行详细分析。

❶大学环境的适应问题。在大学的竞争中，该生有些惶恐与焦虑。新的生活和学习方式、新的人际环境使她总感到不适应，压力倍增。这一切变化，导致她由自尊走向自卑、自暴自弃，以及消极沉沦。

❷学生自我管理、自我控制能力的问题。该生虽有积极生活、主动学习的态度，但在行动上却很难控制自己，自我管控能力差，对外部压力有极大的依赖性，在日常生活中常出现拖延现象，容易情绪化、注意力不集中被外界干预分神，经不住外界诱惑。

❸学习方法以及情绪管理的问题。该生由于未能掌握适合自己的学习方法，以及由于自身缺乏毅力，学习成果往往不佳，不能达到预期目标，由此心理上产生严重的挫败感，又不能及时调整心态，进而影响下一阶段的学习，如此恶性循环，对生活和学习产生了疲惫、厌倦甚至恐惧的心态，从而灰心丧气，怨天尤人，自暴自弃，产生"破罐子破摔"心理。

三、案例处置

针对该生在生活和学习中出现自暴自弃、惰性心理的情况，辅导员结合自身的工作经验给予了她一些建议。具体是：

❶积极主动适应生活。在大学生活中要适应新的生活方式、新的学习模式、新的相处模式，学会独处。适应生活并不意味着否定自己、强迫自己去改变，而是在一点一点地磨合中，发现自身的不足，慢慢弥补不足。

❷ 明确目标，规划人生。对自己的大学生活作出足够明晰的规划以及尽早确立好自己的生涯方向与目标，以目标激励自己付诸行动、自我加压，一步一个脚印完成自己的规划，把课余时间用于靠近目标、充实生活。

❸ 保持学习激情，学会自学。大学学习更多的是学习思维方式，强调多角度思考问题。大学老师只是起引导学习的作用，在学生不懂的时候给予适当指点。因此学生必须学会自主学习、探索和实践。只有在学习中敢于创新，善于从全新的角度出发思考问题，学生潜在思考能力、创造能力和学习能力才能被真正激发出来。

❹ 积极调整心态。好的心态是适应大学生活的基础。孤身一人背井离乡来到新的地方，开始新的征程，要学会成长，试着独立长大。作为一名成年人，应该学会辨别是非，学会懂事上进、自我管理，不能凡事都依赖他人，要找寻自身的价值，了解自身的优缺点。无论是在生活上，抑或是在学习中尽量做到心安、踏实、充实。

四、案例效果

经过一段与该生的谈心谈话，该生也明白了自己所处困境，同时采纳了辅导员在谈话过程中为其解决问题和走出困境提出的一些建议，目前该生的状态已有所好转。

❶ 自主意识增强。该生在经过全方位计划、参与自己的生活后，逐渐适应大学的生活和学习环境，主动行动，主动推进学业、社团、人际关系等方方面面的活动，主动把握自己的生活节奏。

❷ 学习目标明确，行动力增强。该生在经过全方面规划后明确了自己在大学中的学习方向，找到了学习目标。以积极乐观的态度正视差距的同时，上课紧跟老师思维，掌握解答课本例题和课后习题的基本方法，以做科研的心态去看待知识，探索知识的深度和广度。

❸ 心理挫败感减少。该生在理解和完全接纳自己情绪的前提下，能够及时调整心态，用理性去思考和控制自己的行动。对生活和学习不再恐惧，而是主动规划并参与其中，由此建立自信和掌控感。

五、案例启示

❶引导学生正确认识和评价自我。重视培养学生的自主意识，提高学生对外界环境的适应，帮助他们切实摆正自己的位置，既要接纳自己的优点，也要接纳自己的缺点，同时积极与同学沟通，积极参加各类活动，提高自身能力。

❷计划明确，目标清晰。工欲善其事，必先利其器。学生需要提前确立目标，做好规划，对自己人生的终极目标和阶段目标都有清晰明确的认识和计划，并围绕目标制订出一系列具体的可操作的实施方案，才能在更高层次和更广阔空间里寻找自己的发展方向。

❸善待自己，缓解压力。陷入自暴自弃情绪的学生自控力都很差，与其要求他们强硬克制面临诱惑的欲望，不如帮助他们有效利用自己的欲望，将其引导转化成专注于某些事情或者无视诱惑的动力，让他们不再为了逃避压力而屈从于欲望和诱惑。

端正思想　用对方法　积极备考

——学生考试失利怎么办

一、案例概述

安同学，女，2000 年 8 月生。该生平时喜欢听歌、看小说、追剧。该生性格安静，喜欢独处，平常没有课的时候喜欢待在寝室，在学习和工作上认真负责，一丝不苟。家在湖北省谷城县，从小生活在农村，父母都是农民。父母感情融洽，对其期望较高，管理比较严格，从小就教育她好好学习，作为家中长姐要作表率。该生从小学到高中，学习比较刻苦。

该生在大一和大二时期已顺利考过全国大学英语四、六级，但是在考计算机二级时却遇到了瓶颈，大二下学期第一次报考计算机二级，由于备考时间安排较少，对待考试的态度不认真，所以第一次考试就失败了。但她并没有气馁，决定在大三上学期再次报名考试，在这次备考中，她买了题库，加了答疑 QQ 群，也刷了一些题，认为自己可以一定可以考过，但是很遗憾并没有通过考试。这让她严重怀疑自己的学习能力。两次考试失利，让她产生了挫败感，同时父母不断询问考试情况，让她倍感压力、身心俱疲。她既想报考下一次考试，又怕下一次又考不过，这种忧虑不断充斥着她的内心。她意识到自己的问题，但又不知道怎么排解，所以她决定寻求辅导员的帮助。

二、案例分析

通过交流发现，该生从小学习较好，对自己要求较高，经过努力考上大学，父母期望较高，希望该生能够多考取证书，有助于以后的发展。该生顺利通过英语四、六级，在报考计算机二级时，却很难通过考试，让她对自身能力产生了怀疑。

综合以上信息发现，此案例反映的是学生考试失利压力大的问题，其本质是面对考试失利，如何调整思想，积极备考。在这个认识的基础上，再对案例进行详细分析。

❶备考态度问题。该生在大二第一次报考计算机二级时，因为受了网上信息的诱导，认为计算机二级不准备也可以考过，所以对待考试的态度不认真，备考的态度直接导致该生备考过程的懈怠。端正备考态度是该生首要解决的问题。

❷备考计划问题。该生在备考时，没有制订备考计划，计算机二级的备考时间安排不足，且刷题比较随意，没有按照考试要求的时间去刷题。计划可以在一定程度上提高学习的效率，如何制订备考计划是第二个需要解决的问题。

❸备考方法问题。该生在备考时虽然买了题库，也参加了 QQ 答疑群，但是题库以及学习群都没有发挥作用，说明该生的方法是有问题的。选对有效的学习方法，可以提高学习效率，那么如何选用正确的学习方法，是该生要解决的第三个问题。

三、案例处置

针对该生出现的态度、计划和方法问题，了解到具体情况之后，辅导员结合自身的工作经验给予了她一些建议。具体是：

❶端正备考态度，不要存在侥幸心理。该生在备考时认为计算机二级不准备也可以考过，在备考过程中有所松懈，首先要让该生明白，没有一定的知识储备去考试，是不可能通过任何一门考试的。建议该生找一个可以一起备考的同学互相监督，或者报一个计算机二级的培训班，在班级氛围的影响下，可以端正态度。

❷做事要做好规划，有序安排。由于该生在备考时，没有制订备考计划，无法有效利用时间，建议该生在备考前可以根据自己的课程安排、知识

点的难易程度、自身的学习特点合理安排先后顺序，可以在前一天写好第二天的计划，计划要详细，避免因计划空泛而不去遵守的现象。

❸学习方法的选择要结合自身的情况，不能随意搬用他人的方法。因为该生在备考时选择了大众的学习方法，即刷题和加入学习群，但是并不适合该生。建议在选择学习方法时，可以先去网上看相关的经验帖，然后再把自己的情况和网上的情况进行对比，汲取有用的经验，再选择是要先看学习视频再刷题库，还是直接刷题。

❹放平心态，给自己积极的心理暗示。该生面对考试失利的情况，心理压力增加，对自我产生怀疑，所以该生需要及时调整自己的心理状态，适当地进行压力排解和心理暗示。面对挫折的时候，要相信自己一定可以，培养积极阳光的心态和思维方式，充满活力与自信。

四、案例效果

经过与该生谈心谈话，该生也明白了自己所处困境，同时采纳了辅导员在谈话过程中为解决问题和走出困境提出的一些建议，目前该生的状态已有所好转。

❶备考态度有所转变，由一开始的松懈转变成认真。该生从思想上转变了以前不认真的态度，对待备考不再是以前的得过且过，而是力求理解掌握考试知识点。另外，该生也找到了一起备考的同学，相互监督，一起进步。

❷学习效率提高，找到了适合自己的学习方法。该生因为找到了学习方法，学习的效率有所提高，在计算机二级的备考中，该生首先通过网课学习知识点，在学习知识点之后再进行题库练习，有疑惑的地方，直接在学习群里提问，老师会解答困惑。通过课前巩固、课后复习的方式，该生很快掌握了计算机二级的相关知识。另外，该生在备考过程中，制订了详细的计划，保证了备考过程的连续性，每天完成一个小目标，增强了备考的目的性。

❸心理压力减小。之前由于计算机二级考试屡次不过而对自己的能力产生怀疑，该生心理压力增加，经过一段时间调节后，该生心理压力慢慢减

小，增强了自信。面对考试失利，能够保持积极的心态，及时找到失败的原因，在失败中总结经验，争取下一次成功。

五、案例启示

❶及时关注学生思想的变化。大学正处于高中向社会转变的过渡期，大学生对自我的认知存在懵懂期，大部分的学生对待考试并没有采取正确的态度，片面认为自己不准备也会通过，或者容易受网络信息的诱导，形成认知偏差。当学生的思想态度产生问题时，要及时纠正，找到原因，引导学生形成正确的学习态度。

❷正确的学习方法可以事半功倍。正确的学习方法，可以降低学习课程的难度，同时又可以提高自己的学习效率。学习方法要根据自己的实际情况来选择，适合自己的才是最好的。

❸从情绪管理出发，关注学生成长。学生极易因考试失利产生情绪问题，解决此类问题最重要的是要转变学生思维方式，让学生在面对挫折时，保持积极的态度和稳定的情绪，然后采取正确的措施，根据现实提供可行的建议。